Helmut Spörl · Tränen im Sonnenschein

Helmut Spörl

Tränen im Sonnenschein

Erlebnisberichte

JOHANNIS LAHR

Im Gedenken
an
meine teure, sich aufopfernde,
heimgegangene Gertrud
gewidmet
meinen Kindern und Enkelkindern

Die Deutsche Bibliothek – CIP-Einheitsaufnahme

Spörl, Helmut:
Tränen im Sonnenschein – Erlebnisberichte/
Helmut Spörl. – Lahr: Johannis, 1994
(TELOS-Bücher; 7663 : TELOS-Taschenbuch)
ISBN 3-501-01226-8
NE: GT

ISBN 3-501-01226-8

TELOS-Bücher
TELOS-Taschenbuch 77 663

Umschlagfoto:
Gesamtherstellung:
St.-Johannis-Druckerei, 77922 Lahr
Printed in Germany 11601/1994

Inhalt

Der Abstellraum

Am 18. September 1943: Mir reißt es den linken Arm in die Höhe – ich bin getroffen. Mein Sanitätsgefreiter hat nicht geahnt, daß er an diesem Abend noch seinen Sanitätsfeldwebel Spörl zum Verbandsplatz bringen muß. Mit schmerzverzerrtem Gesicht und hohem Fieber werde ich auf einem Lkw über holprige Wege nach Smolensk transportiert, wo mich der letzte Lazarettzug nach Warschau noch mitnimmt. Vom dortigen Kriegslazarett verlegt man mich in das Reservelazarett Ilmenau und schließlich nach Hirschberg im Riesengebirge. Als Verwundeter darf ich die Hochschule für Lehrerbildung besuchen, um nach neun Monaten die erste Lehrerprüfung abzulegen.

Die Heilung meiner Verwundung schreitet gut voran. Ich könnte in absehbarer Zeit zur Sanitäts-Ersatz-Abteilung entlassen werden. Die Lazarettverwaltung aber kommt mir wohlwollend entgegen, damit ich mein Studium beenden kann.

»Herr Feldwebel«, wird mir gesagt, »suchen Sie sich ein Zimmer in der Stadt, damit Ihr Bett frei wird. Sie können hier unten bei den Küchenfrauen alle Mahlzeiten einnehmen. Ihre Krankenpapiere werden weiter von hier aus geführt. Verstanden?« Ja, ich habe verstanden: Man will mir helfen, aber ich soll nicht mehr in Erscheinung treten.

In der Stadt Hirschberg, unten im Tal, finde ich kein Zimmer. Ich bespreche die Angelegenheit mit meiner Deutschdozentin, Frau Prof. Dr. K. Sie sagt: »Was nun, Herr Spörl? – Ich habe eine Idee. Ob Sie die billigen, weiß ich nicht. Vielleicht ist es auch eine etwas verrückte Idee: Sie kennen doch das Studentinnenheim unserer Hochschule. Es liegt in einer schönen Umgebung auf dem Weg zu Ihrem Lazarett. Von unseren 250 jungen Damen sind ja in dem Heim etwa 40 untergebracht. Wenn Sie wollen, gehen Sie einmal zu dem Hausmeisterehepaar. Sagen Sie, ich hätte Sie geschickt. Vielleicht gibt es eine Möglichkeit, Sie dort unterzubringen.«

Ich schaue meine freundliche Dozentin zuerst mit Stirnrunzeln an und muß dann lachen. »Na gut, dann mal los!«

Kurze Zeit später stehe ich vor dem Hausmeister. Er schüttelt den Kopf. »Herr Feldwebel, ausgeschlossen, wir sind überbelegt – und dazu sind alles junge hübsche Damen. Da kommt niemand mehr herein!«

»Herr Schade, nun hören Sie mir einmal gut zu«, sage ich. »Ich komme aus Rußland, aus den schmutzigsten, schlimmsten Erdlöchern. Ich hatte ständig den Tod vor Augen. Im Lazarett kann ich nicht mehr bleiben. Ich brauche sofort eine Unterkunft. Die jungen, hübschen Damen interessieren mich überhaupt nicht. Haben Sie nicht oben unter dem Dach irgendeine Ecke oder unten im Keller irgendeinen Abstellraum?«

Herr Schade zeigt mir den Keller: »Sehen Sie,

Herr Feldwebel, alles hier nur Kisten, leere Kartons und sonstiger Kram!«

Ich frage ihn nach dem Nebenraum: »Und hier drinnen?«

»Dasselbe. Kisten, Kartons, Bretter, alles unbrauchbare Sachen. Es sieht mit dem kleinen Fenster und den Gitterstäben davor wie eine Zuchthauszelle aus.«

»Da hinein gehe ich!« rufe ich. »Entfernen Sie nur all den Kram. Besorgen Sie mir eine große Kiste als Tisch, einen kleinen Hocker und ein paar Bretter zum Schlafen. Mehr brauche ich nicht. Heute abend ziehe ich hier ein!«

Der Hausmeister sieht mich mit großen Augen an, als wollte er sagen: »Ist denn das die Möglichkeit? Das kann ich gar nicht fassen! Er da unten, da drüber 40 hübsche Mädchen!«

Am Abend bin ich überrascht. Vielleicht hat Frau Schade ihrem Mann geholfen. Mein Abstellraum ist fein gesäubert. Da steht ein Tisch, da stehen zwei Stühle. Ich staune über ein kleines Regal und ein zusammenklappbares Eisenbett. Eine Matratze, ein Keilkissen und eine Decke finde ich auch. Wenn ich das alles mit meinen Erdlöchern in Rußland vergleiche, komme ich mir wie ein kleiner Fürst vor.

Mein Abstellraum dient mir nicht nur von vier bis sieben Uhr in der Frühe zum Lernen, sondern er ist auch meine Zelle für das Beten und Bibellesen. Vor Freude schreibe ich eines Tages auf einen Zettel:

»Ach, wie können kahle Wände
Wohnung sein und trautes Glück,
siehst du darin Gottes Hände
und vom Himmel selbst ein Stück!«

Bei den Mädchen spricht es sich schnell herum: »Unten im Keller haust ein Feldwebel von der Ostfront. Er macht mit uns das Studium!«

Und so komme ich auch einmal nach oben in den sehr schönen Aufenthaltsraum. Kaum sehe ich den Flügel dort, sitze ich schon davor und spiele. Im Nu bin ich von jungen Frauen umgeben. Eine gibt mir ihre Gitarre, und wir vereinbaren, daß ich sie alle morgens um sieben Uhr mit Singen und Spielen wecken und in den neuen Tag hineinführen soll. So etwas hat es wohl noch nie an einer deutschen Hochschule für Lehrerbildung gegeben!

Es kommt mir vor wie ein Traum. Noch vor kurzer Zeit lag ich im stundenlangen Trommelfeuer, hörte die gellenden Hilfeschreie: »Sanitäter! Sanitäter!«, versorgte Verwundete und war oft Totengräber meiner gefallenen Kameraden. Jetzt ziehe ich jeden Morgen mit meiner Gitarre durch die Flure, singe und spiele zur Ehre Gottes und wecke hübsche, junge deutsche Mädchen.

Mein Kellerraum da unten, mein Abstellraum, hat aber für mich noch eine ganz besondere Bedeutung. Ich hätte nie daran gedacht, daß mein Heiland mich dorthin bringt, damit ich in diesem Heim unter 40 Studentinnen Gertrud, meine spätere Frau, kennenlerne.

Der Rollstuhlfahrer

Der 72jährige August sitzt in seinem automatischen Rollstuhl am Grab seiner Frau. Ich entdecke ihn hinter den blühenden Büschen. Er hat mich auch gesehen und ruft: »Du hast mir doch wieder etwas mitgebracht?«

»Und wenn ich dich nun nicht gesehen hätte, was dann?« frage ich.

»Dann hätte ich Radau gemacht, bis du mich gehört hättest.«

»Na du, das hat mir auf meinen Streifzügen für Jesus auch noch niemand gesagt!«

Ich gebe August einige Traktate; er ist glücklich darüber. Dann spreche ich mit einem jungen Mann, der das Grab säubert und im Moment ein wenig ausruht, über Jesus. August sitzt mit leuchtenden Augen in seinem Rollstuhl und hört zu. Dieser Mann ist glücklich, auch wenn das in seiner persönlichen Lage merkwürdig klingt. Er hat es in seinem Leben sehr schwer gehabt. Aus Schlesien vertrieben, wo seine gläubigen Eltern gestorben waren, kam August als Schuhmacher in den Westen. Später wurde er Friedhofsgärtner. Vor 20 Jahren hatte er einen Schlaganfall, seine Frau starb, danach folgten zwei Herzinfarkte. Jetzt sitzt er in einem automatischen Rollstuhl am Grab seiner Frau und verfolgt mit großer Aufmerksamkeit das Gespräch, das ich mit dem jungen Mann führe. Er unterbricht mich und sagt zu dem Mann:

»Ja, das mußt du wissen, wo du nach deinem Tod bist. Was du hier säuberst, ist ja nur Dreck. Aber wohin geht deine Seele?«

Ich merke: Für diesen Jungen hat eine »Grabesstunde« geschlagen, an der ich nur zum Teil mit einbezogen bin.

Aber mein August kennt keine Trauergeister. Mit überzeugender Gewißheit sitzt er freudestrahlend in seinem automatischen Rollstuhl und sagt: »Weißt du, bald bin ich da oben – bei Jesus – da hab' ich keinen Rollstuhl mehr!« Dann zeigt August mit der rechten Hand nach oben, und lachend jubelt er mir zu: »Dann krieg' ich eine goldene Krone! Stell dir vor, eine goldene Krone!«

Ich habe noch nie einen Menschen erlebt, der in seinem Rollstuhl solch eine Heilsgewißheit zeigte und mitten im Leid so jubeln konnte.

Das kann man nur mit Jesus!

Wenn Kinderaugen und Kinderhände sprechen

Seit 47 Jahren kenne ich Ruth nun schon. Damals war sie ein niedliches kleines Mädchen von vier Jahren, das umhersprang, als sei es aufgezogen. Nun kommt sie mir entgegen und schiebt ihren Kindersportwagen vor sich her. Ihre 4jährige Michele sitzt darin und freut sich, mit Mama durch die Gegend zu fahren. Schon oft haben wir uns getroffen und von früher erzählt! Schon oft habe ich Ruth den persönlichen Heiland nahegebracht und ihr erzählt, was ich mit ihm in meinem Leben erfahren habe. Und ihre kleine Michele guckte mich dabei immer mit großen Augen an. Was können Kinderaugen alles sagen!

Heute treffe ich wieder mit Ruth und ihrer Michele zusammen. Diesmal ist noch eine andere Frau da, der ich auch vom Heiland erzählen kann.

Ehe ich weitergehe und mich von den beiden Frauen verabschiede, lege ich meine rechte Hand auf das Köpfchen von Michele und sage: »Im Namen Jesu segne ich dich!« Dann gehe ich. Nach etwa fünf Metern drehe ich mich um. Da steht die Kleine und winkt mir zu. Ich winke ihr auch. Mein Weg nimmt eine kleine Anhöhe. Nach ungefähr 15 Metern drehe ich mich wieder um. Michele steht noch immer an derselben Stelle; sie winkt und winkt. Wir winken beide. Jetzt muß ich an der Ostseite des Friedhofes durch eine kleine Tür gehen, drehe mich dann um und – Michele winkt und winkt. Wir beide winken. Ich muß einige Stufen hinaufsteigen, um zu einer Brücke zu kommen. Ich drehe mich um. Da unten steht sie noch immer und winkt und winkt. Solch eine Liebe und Treue habe ich noch nicht erlebt! Jetzt bin ich auf der Brücke, die eine Umgehungsstraße überquert. Ob mein kleiner Liebling wohl noch immer winkt, frage ich mich. Und tatsächlich! Sie steht da unten, in ziemlicher Entfernung, und winkt und winkt, und ich winke und winke. Dann können wir uns nicht mehr sehen.

Langsam, nachdenklich, betend laufe ich durch ein Neubaugebiet und frage: »Heiland, ist wohl das herzliche, treue Winken der kleinen Michele eine Antwort darauf, daß ich dieses Kind in deinem Namen segnen durfte?« Da sagt mir eine Stimme: »In deiner Frage hast du schon meine Antwort!«

»Ja, Heiland, wie gilt doch zu allen Zeiten dein Wort: Wer nicht das Reich Gottes annimmt wie ein Kind, der wird nicht hineinkommen.«

Wenn Kinderaugen strahlen,
schenkt Gott in goldnen Schalen
Sein Herz in Liebesglut.
Wenn Kinderherzen winken,
läßt Er dich nie versinken;
Er liebt! – Was Er auch tut!
Die Händchen und die Augen
sind Gottes Herz und taugen
für alle Ewigkeit.

Leb du in Kinderherzen,
laß brennen deine Kerzen
und zieht den Weg zu zweit!

Tränen im Sonnenschein

»Sie haben mir kürzlich schon einmal ein Blättchen gegeben«, sagt eine Frau, der ich ein Traktat in die Hand drücke. »Das hat mich so sehr erfreut. Gerne nehme ich heute auch wieder eines. Sagen Sie, sind Sie nicht Herr Spörl?«

»Ja, das bin ich, ich heiße Helmut Spörl.«

»Sind Sie nicht früher in der Harkortschule tätig gewesen?«

»Ja, das stimmt. Es ist schon lange her, von 1947 bis 1949. Danach wurde mir die Schulleitung der Albert-Schweitzer-Sonderschule übertragen.«

»Als Sie in der Harkortschule unterrichteten – nun werden Sie staunen –, war ich eine Ihrer Schülerinnen. Ich kann nie vergessen, auf welche frohe Weise Sie uns Jesus nahebrachten. – Sie hatten auch immer Ihre Gitarre bei sich, und wir haben gesungen, gesungen! Es war eine schöne Zeit! Das ist nun schon fast 45 Jahre her!«

Lange unterhalten wir beide uns nun über frühere Zeiten. Schließlich ziehe ich gemächlich durch die anderen Friedhofswege weiter. Ich danke meinem Herrn und himmlischen Vater und bete ihn an aus Freude über das, was er damals und auch an diesem Tag getan hat.

Einige Wochen sind vergangen. Ich sitze auf meiner Bank in einer Ecke des Gottesackers; die spätsommerliche Sonne wirft ihre Strahlen durch das schon etwas bunt werdende Laub der verschiedenen Bäume und Sträucher. Ich befolge den freundlichen Rat Jesu an seine Jünger: »Ruhet ein wenig!«

Solch eine kleine Pause tut wohl. Ehe ich gehe, bete ich: »Herr, führe du mich. Bring mich mit Menschen zusammen, die dich brauchen!« Da sehe ich ein Stück entfernt eine Frau, die ein Grab säubert.

»Geh zu ihr!« höre ich in mir. Und als ich vor ihr stehe, ist es wieder meine alte Schülerin.

»Herr Spörl, wie freue ich mich, daß Sie kommen! Sie haben doch bestimmt wieder etwas für mich dabei!«

»Aber das ist doch ganz klar! Hier, bitte! Sie werden großen Segen davon haben!«

»Neulich war ich schon einmal hier am Grab. Es war ein recht kühler Tag. Ich erkannte Sie drüben auf der Bank und dachte: ‘Hoffentlich erkältet er sich nicht. Ob er wohl wieder hierherkommt?‘ Aber dann kamen Sie nicht.«

»Wie geht es Ihnen denn?«

»Ach, Herr Spörl, ich habe schwere innere, seelische Nöte. – Aber sagen Sie doch Du zu mir, zu Ihrer alten Schülerin Erika.«

»Nun gut, Erika, was es auch immer für Nöte sind, ich will dir ein Geheimnis verraten. Schlag zu Hause deine Bibel auf und lies Psalm 50, Vers 23. Dort steht: ‘Wer Dank opfert, der preiset mich, und da ist der Weg, daß ich ihm zeige das Heil Gottes.‘ Da steht nicht: ‘Wer Dank sagt . . .‘ sondern ‘Wer Dank opfert . . .‘ In deinen Nöten kannst du vielleicht gar nicht Dank sagen, geschweige denn Dank opfern –«

Ehe ich weiter etwas sagen kann, sehe ich ihre nassen Augen im Sonnenschein, und Tränen wie silberne Perlen rinnen über Erikas Gesicht.

»In deinen Nöten, Erika, Jesus dafür Dank zu sagen, bedeutet bestimmt ein Opfer für dich. Fasse Mut und tu es – ich weiß, es ist schwer. Ich habe es selbst durchlebt.«

Sie sagt nichts, sie nickt nur freundlich, und weiter rinnen ihre Tränen.

»Erika, wenn du in deiner Not – ich weiß, es ist nicht einfach – Jesus auch dafür dankst, sagt er in dem Psalmvers: '. . . der preiset mich . . .!' Und nun kommt eine wunderbare Verheißung: '. . . und da ist der Weg, daß ich ihm zeige das Heil Gottes.' Erika, es muß alles an ihm vorbei, und er macht auch für dich keine Fehler. Später wirst du staunen, was er aus deiner Not, deinen Nöten, gemacht hat. Deine Tränen im Sonnenschein sind Ewigkeitsperlen.«

Sie schaut mich nachdenklich und freundlich lächelnd an, als wollte sie zu mir sagen: »Ach, geh doch nicht fort.«

Sie schweigt, und ich sage nur einen Satz: »Im Namen Jesu segne ich dich!« Dann geht mein Heiland mit mir weiter.

Die Beichte

Wenn ich in der Sonntagsschule auf einer Bank vor Hildegard saß, war ich begeistert und hätte ihr stundenlang zuhören können. Sie verstand es, in einprägsamer Weise vom Heiland zu erzählen. Sie hatte die besondere Gabe, Kindern das Tor für die frohmachende Botschaft von Jesus weit zu öffnen.

Wenn in unserer Wohnung am Samstagabend der kleine Chor der Landeskirchlichen Gemeinschaft seine Lieder übte, schob ich leise meinen Stuhl hinter Hildegard, kletterte ganz leise hinauf und versuchte mitzusingen und mein Stimmchen an ihrem Ohr vorbeiziehen zu lassen. Mein Papa, Leiter der Gemeinschaft, wie auch meine Mama, duldeten den kleinen Sänger großzügig. Und Hildegard? Sie lächelte und freute sich augenscheinlich, daß solch ein kleiner Fink in ihrem Nacken saß.

Einige Jahre später war ich mit anderen im Jugendbund für entschiedenes Christentum. Und wieder war es Hildegard, von der ich für mein Glaubensleben viel profitierte.

Dann kam die Zeit, in der ich in die Fremde ziehen mußte. Jahre später wurde ich Soldat. Nur über mein Elternhaus erfuhr ich manchmal etwas von Hildegard.

Als ich endlich wieder einmal Urlaub hatte, lud

meine Mama zur Freude ihres großen Jungen Hildegard zu uns ein.

Wie konnte es anders sein: Es gab die guten vogtländischen grünen Klöße mit Sauerbraten und am Nachmittag den wohlschmeckenden Streuselkuchen und »e Schälchen Heeßen, aber sieße muß er sin«.

Danach sitze ich am Harmonium, und wir singen wie früher. Die altgewordene Hildegard muß wohl darauf gewartet haben, mich einmal allein zu sprechen. Der Augenblick ist gekommen, als Mama etwas anderes draußen zu tun hat. Hildegard sagt: »Ach, Helmut, wir kennen uns seit Jahrzehnten. Ich kenne dich von Kind auf. – Weißt du, je älter man wird, um so heimwehkranker wird man. Immer wenn ich mit meinem Heiland spreche, bringe ich ihm auch die Bitte, mir doch durch seinen wunderbaren Heiligen Geist zu zeigen, wo ich irgendwo, bei irgend jemandem etwas gutzumachen habe.«

»Und? Hat er dir etwas gezeigt, Hildegard?«

»Ja, er hat mir etwas gezeigt.«

Ich schaue Hildegard lange an und bin gespannt.

»Als deine Eltern noch in Tanna wohnten und du zur Realschule nach Hirschberg gingst, habe ich deine Lieben einmal besucht. Du warst nicht zu Hause. Deine Mama hatte gerade etwas in der Küche zu erledigen. Ich war in deinem Zimmer. Alles war wohlgeordnet. Da lagen die Hefte, die Bücher, die Buntstifte, der Farbkasten und – ein schöner, großer, angespitzter Bleistift. Ach, dachte ich, der Helmut hat bestimmt noch mehr davon. Ich brauchte gerade einen, und der Helmut wird es ja auch gar nicht merken. Und ich nahm den Bleistift mit.

Dieses Bild zeigte mir mein Heiland auf mein Gebet hin. Nun sitze ich neben dir und schäme mich. Bitte, Helmut, vergib deiner alten Hildegard, daß sie dich bestohlen hat.«

Dann weint sie, und ich nehme sie in meine Arme und streiche ihr über ihr silbergraues Haar.

»Hildegard, meine alte, gute Hildegard – alles ist gut!«

Wir beten miteinander – und dann setze ich mich wieder ans Harmonium, und wir singen Jesuslieder.

Für mich war dieser Besuch Hildegards, ihre Beichte, eine besondere Lektion.

Hildegard, die mir einstmals in der Sonntagsschule, im Jugendbund, im Chor, bei besonderen Feierstunden soviel gegeben hatte, gab mir in ihrem Alter das Beste, ihre Beichte. Da war sie mir eine Mutter in Christus und wurde mir zu einem Wegweiser, wie ich Menschen um Vergebung bitten kann, wenn ich ihnen weh getan habe.

Auch eine »Blätter«-Mission

Heute habe ich wieder einen Stoß Blättchen zum Verteilen bei mir. Doch auch eine kleine Hacke habe ich mitgenommen. Ich will das Grab meiner heimgegangenen Gertrud recht ansehnlich säubern.

Unzählige, vergilbte Lindenblütenblätter bedecken überall den Gottesacker. Nachdem ich gebetet habe, lese ich wie schon so oft auf dem Grabstein: »Jesus lebt! Mit ihm auch ich!« Nun gehe ich in der großen Hitze mit Schwung an meine Arbeit. Eine knappe Stunde habe ich zu tun. Dann habe ich es geschafft und bin zufrieden. So langsam will ich mich auf meinen Heimweg machen. Doch da kommt auf dem schmalen Kiesweg eine Frau auf mich zu, ganz gemächlich. Ich kenne sie schon lange und konnte ihr schon vieles von Jesus sagen.

»Herr Spörl«, begrüßt sie mich, »ich möchte mir so gerne einmal das Grab Ihrer Frau anschauen. Schön haben Sie es gepflegt!« Sie liest den Spruch: »Jesus lebt! – Mit ihm auch ich!« und fragt: »Kann man das denn wissen?«

Ich antworte ihr: »Frau R., wenn Sie von ganzem Herzen an Jesus, Ihren Erlöser, glauben, haben Sie ewiges Leben. Diese wunderbare Verheißung gibt uns unser Vater im Himmel.«

Sie schweigt zuerst. Doch dann kommt es zu einer längeren Aussprache, zu einer Lebensbeichte am Grab meiner Gertrud. Plötzlich sagt Frau R.: »Ach, Herr Spörl, hören Sie die Kirchturmglocke? Es schlägt schon 12 Uhr. Entschuldigen Sie bitte, daß ich Sie so lange aufgehalten habe.«

»Hoffentlich habe ich Ihnen noch vor 12 Uhr das Richtige gesagt!«

»O ja, vielen herzlichen Dank!« Sie geht.

Ich weiß nicht, warum, aber ich werde ganz plötzlich in die entgegengesetzte Richtung getrieben. Ich schwitze. Die Mittagssonne brennt. Unter den hohen, schattigen Bäumen finde ich etwas Erquickung.

»Geh dort drüben zu der Frau!« höre ich es in mir.

»O Herr, jetzt in dieser Hitze? Laß mich nach Hause gehen!«

»Geh dort drüben zu der Frau!« höre ich es wieder.

Ich schlendere langsam und müde den Kiesweg entlang. Dann stehe ich vor einer gutgekleideten Dame. Ehe ich sie begrüßen und ein Wort sagen kann, spricht sie mich an: »Nun gucken Sie sich bloß einmal die vielen vergilbten Blätter an! Ist das nicht furchtbar? Wie das Grab aussieht!«

Plötzlich leuchtet es in meinem Inneren auf, und ich sage zu ihr: »Das werden wir gleich haben. Ich habe hier meine Hacke, ich mache Ihnen das Grab sauber!« Und schon bin ich an der Arbeit.

Die unbekannte Dame sagt: »Ja, ist denn das die Möglichkeit? Nein, nein, nein! Gibt es denn so etwas auch noch?«

Ich gebe ihr meine große, leere weiße Tüte, in die sie die verwelkten Blätter steckt.

»So«, sage ich, »das Grobe ist jetzt weg! Nun kommt die Feinarbeit!«

»Also wissen Sie, ich weiß wirklich nicht, was ich sagen soll.«

»Sie sind sicher Frau B. Ich lese gerade auf der Tafel diesen Namen.«

»Ja, ich bin Frau B. Und hier liegt mein Mann, der vor drei Jahren gestorben ist.«

»Entschuldigen Sie, daß ich mich noch nicht einmal vorgestellt habe. Ich heiße Helmut Spörl.«

»Was?« ruft sie. »Sie sind Herr Spörl? Von Ihnen habe ich schon soviel gehört! Wohnen Sie nicht in der Siedlung Sonneneck?«

»Ja, richtig, ganz hinten am Wald«, antworte ich.

»Ihrem Haus gegenüber wohnte vor Jahren eine Familie T. Frau Lore, die jetzt in Stuttgart ist, ist meine Freundin.«

Ich freue mich. »Die kenne ich sehr gut. Grüßen Sie sie herzlich von mir!«

Frau B. sieht ihr sauberes Grab an und sagt: »Wie kann ich Ihnen das nur gutmachen?«

Ich schüttelte den Kopf. »Das können Sie gar nicht gutmachen. Das ist bereits alles gutgemacht. Danken Sie Jesus Christus, der Ihnen so einen kleinen Handlanger geschickt hat.«

Und nun beginnt eine »Blätter-Mission« neben den zahlreichen, vergilbten Blättern auf Gräbern und Wegen.

Die vornehme Frau B. verschlingt geradezu das

Brot des Lebens, trinkt das lebenspendende Wasser und – nimmt den Heiland an.

»So«, sagt sie, »jetzt zeigen Sie mir aber noch das Grab Ihrer Frau.«

Als wir beide davorstehen, liest auch sie: »Jesus lebt! – Mit ihm auch ich!«

Schließlich kommen wir zum Ausgang des Friedhofes und sie sagt: »Herr Spörl, bleiben Sie einmal stehen. Ich will Ihnen noch etwas erzählen.«

Ich bin ganz überrascht und auch gespannt, was wohl jetzt kommen wird. Sie sagt: »Bevor ich heute zum Friedhof ging, saß ich bei meiner Friseuse und mußte sehr lange warten. Aber das war wohl nicht von ungefähr. Wäre ich nämlich mit meiner Frisur schnell fertig gewesen, wäre ich viel früher am Grab meines Mannes gewesen und wäre auch viel früher nach Hause gegangen; ich hätte Sie also nicht getroffen.«

»Frau B., da sehen Sie die Regie Gottes! Ich segne Sie im Namen Jesu! Auf Wiedersehen!«

»Nochmals vielen, vielen herzlichen Dank für alles!«

Nach ein Uhr komme ich schwitzend zu Hause an.

»Du kommst aber spät heute!« sagt mein Sohn Harald, der immer gut kocht. Seit wir unsere Mutti verloren haben, ist er der Küchenchef.

Ich lache ihn an. »Harald, jetzt setz dich mal hin, ich muß dir etwas Herrliches erzählen.« Er hört mir zu, doch dann unterbricht er mich: »Nun sag bloß, du hast bei dieser Hitze der Frau das Grab gesäubert. Du hättest doch einen Schlag bekommen können!«

»Harald, ich mußte es tun. Es gibt neben dem teuflischen Muß auch ein göttliches Muß. Und übrigens merke dir: Wenn man für Jesus so etwas tut, bekommt man keinen Hitzschlag!«

Ich mache mich schnell frisch und lasse mir sein Essen gut schmecken.

Noch immer danke ich meinem Herrn für die sonderbare, gesegnete Blättermission.

Die Sommersprossen

Der hiesige Friedhof mit den umliegenden Plätzen, Gassen, Straßen und Wegen ist sozusagen mein Revier, in dem ich meine täglichen Streifzüge für Jesus durchführe.

Es ist ein heißer Julitag. Die alten, hohen Bäume bieten mir wohltuenden Schatten. Ich sitze auf einer der Bänke und ruhe ein wenig aus. Dabei danke ich meinem Heiland, daß er mir auch diesmal wieder die Gelegenheit gegeben hat, etlichen Personen am Grab ihrer Lieben von Jesus zu sagen. Ich höre den Singvögeln zu und bin entzückt von ihrem Konzert.

»Steh auf und geh zu der Frau da drüben!« höre ich es in mir.

»Warum gerade zu ihr, Herr? Ist etwas Besonderes mit ihr?«

Ich gehe. Langsamen Schrittes komme ich ihr näher. Ich stehe vor ihr; es ist eine Frau in den mittleren Jahren.

»Darf ich Ihnen etwas schenken?«

Mit besonderer Freundlichkeit nimmt sie mein Traktat und bedankt sich. Was mir gleich an ihr auffällt, sind ihr rotes Haar und die vielen Sommersprossen auf dem Gesicht und an den Armen.

Etwa drei Minuten später bin ich auf meinem Heimweg, froh darüber, daß ich meinen Streifzug bei dieser Hitze beenden kann.

»Geh zurück zu der Frau! Sage ihr, daß du dich

über ihre Sommersprossen freust!« höre ich es in mir.

»Unmöglich, Herr!« Dabei schaue ich auf die Sommersprossen an meinen Armen und weiß, daß ich auch welche im Gesicht habe.

»Geh zurück zu der Frau!« heißt es wieder in mir.

Ich bleibe stehen und zögere. »Unmöglich, Herr!« – »Geh zu ihr!«

Ich gehe.

Die Frau ist etwas erstaunt, als ich wieder vor ihr stehe.

»Sie haben sich vorhin für mein Blättchen so freundlich bedankt; haben Sie es denn so schnell gelesen?« frage ich.

»Ich habe nur einige Zeilen überflogen. Da wußte ich: Das ist sehr gut! Das ist das Richtige!«

Ich fasse mir ein Herz: »Entschuldigen Sie, wenn ich Ihnen jetzt etwas sage, das Ihnen vielleicht noch niemand gesagt hat. Ich habe mich sehr gefreut, als ich Ihr leuchtendes rotes Haar sah und das Blütenmeer Ihrer Sommersprossen. Schauen Sie sich mal meine Arme und mein Gesicht an, da kann ich mit Ihnen nicht mit. Ich habe in meiner Kindheit sehr darunter gelitten. Mein Vater war damals Leiter der Landeskirchlichen Gemeinschaft in einer kleinen Stadt in Thüringen. Da ich auch damals schon meine Blättchen verteilte, riefen mir manche Jungen nach: 'Guckt mal, da kommt der heilige Bimbam, der hat Kuhdreck im Gesicht!'

Da kam ich dann weinend zu meiner lieben

Mutter. Die aber sagte: ‘Helmut, weine doch nicht darüber. Dein Heiland hat alles gesehen und gehört. Du bist eben ein Besonderer.‘«

Die Frau lacht mit mir und sagt: »Wissen Sie, die Menschen ohne Sommersprossen sind wie der Himmel ohne Sterne. Wir sind ein Himmel mit unzähligen Sternen! Ich freue mich, daß Sie das Evangelium von Jesus Christus hier verkünden. Tun Sie es weiter so! Die Welt hat nichts nötiger als Jesus!«

Daraufhin segne ich diese liebe Frau im Namen Jesu.

Da stehen wir nun beide an dem Grab, das sie pflegt, und sind glücklich, daß wir Jesus als persönlichen Heiland haben, daß wir beide ein Himmel mit unzähligen Sternen sind.

Als ich schließlich meinen Weg ziehe, weiß ich, weshalb ich nochmals zu der rothaarigen Frau zurückkehren mußte.

Diagnose: Krebs!

Der Hausarzt untersucht meine Prostata. Er hebt warnend den Finger und sagt: »Herr Spörl –!« Er vereinbart einen Termin im Krankenhaus. Dort untersucht mich ein Oberarzt. Er sagt: »Herr Spörl, stationäre Behandlung!« Da liege ich nun. Eine Gewebeprobe wird entnommen und zur Untersuchung nach Wuppertal geschickt. Es folgen schlimme Tage, ich warte mit Spannung auf den Bericht. An einem Vormittag ist Visite. Der Chefarzt mit seinem Gefolge steht an meinem Bett.

»Na, Herr Spörl, wie geht es Ihnen?« fragt er.

»Mir geht es, Gott sei es gedankt, eigentlich ganz gut.«

Er wendet sich zu alle den anderen: »Haben Sie das gehört? Und da sagt der Mann noch ‘Gott sei es gedankt‘. Er weiß ja gar nicht, was auf ihn zukommt!« Wortlos schleichen alle aus dem Raum.

An einem der nächsten Abende kommt der Stationsarzt und setzt sich mit mir an einen Tisch.

Er erklärt: »Herr Spörl, bei Ihnen steht die Angelegenheit nicht gut. Es ist bösartiger Krebs. Sie werden am Donnerstag operiert. Sie werden nicht sterben! Sie haben Heilungschancen.« Er bemüht sich in freundlichem Ton, meine sichtbare Niedergeschlagenheit etwas zu zerstreuen.

Nach meiner schweren Operation (Prostata, Samenblase und zwei Lymphdrüsen werden entfernt) liege ich endlich wieder im Zimmer.

Bei der nächsten Visite sagt der Professor zu einem älteren, sehr erfahrenen Krankenpfleger: »Herr P., pflegen Sie Herrn Spörl besonders gut!«

»So etwas sagt der bestimmt nicht jeden Tag«, denke ich. »Da muß wohl alles auf der Kippe gestanden haben!«

Kurze Zeit später sagt der Professor zu meiner Frau: »Er hat's noch mal geschafft!«

Ich entgegne: »Ich habe es nicht geschafft! Jesus Christus, der Herr über Leben und Tod, hat es geschafft! Vielleicht braucht er mich noch. Ihm sei Lob und Dank!«

Nachdem ich in zehn Wochen meinen verschiedenen Mitpatienten, darunter auch einem 17jährigen italienischen Jungen, das Evangelium von Jesus Christus verkündigt habe, werde ich mit 52 kg Gewicht nach Hause entlassen.

Zwei Jahre später pflege ich meine Blumen vor dem Haus. Eine Nachbarin bleibt bei mir stehen und sagt: »Herr Spörl, als Sie damals nach Hause kamen, hatten alle hier in der Siedlung Sie abgeschrieben. Aber daß nun Ihre Frau eher gehen mußte, hätte keiner gedacht.«

»Ja, ich war von allen abgeschrieben, aber meine Gertrud ist bei Jesus eingeschrieben. Sie ist bei ihm, und wir werden uns bei Jesus wiedersehen. Dafür danke ich ihm!« antworte ich ihr. Mein Heiland schenkt mir täglich so viel Gnade und Kraft, daß ich nach meiner schweren Operation vielen Menschen auf meinen Streifzügen für Jesus das herrliche Evangelium bringen kann.

Der Römer

Schon oft bin ich Herrn Römer begegnet. Bei Regen oder Sonnenschein, bei Frost, Schnee oder Hitze – der alte, fast 90jährige Mann ist immer unterwegs. Langsam zieht er seine Wege, mit einem Stock sichert er sich ab. Seine Parole lautet wohl wie die meine: Bewegung ist alles! Aber zwischen uns ist ein weiter Unterschied: Ich bewege mich, weil ich für Jesus Christus, meinen Erlöser, aktiv sein will. Bei Herrn Römer ist das ganz anders. Er will seinen alten Körper fit halten. Er war ein stolzer, überzeugter Nationalsozialist und ist jetzt ein überzeugter Atheist.

Immer wieder begegnen wir uns. Lächelnd begrüßt er mich und nimmt dankend mein Traktat. Täglich bete ich für diesen Herrn Römer und seine Familie.

Eines Tages sagt er: »Herr Spörl, ich will Ihnen ja nicht Ihren Glauben rauben, aber . . .« Auf meine Frage: »Und wenn Sie jetzt tot umfallen – wo sind Sie dann?« antwortet er: »Aus! – Aus, Herr Spörl! Da ist nichts mehr!«

Einige Tage später treffe ich ihn wieder. »Sie sind doch einmal Bürgermeister in V. gewesen«, sage ich zu ihm.

»Ja, sofort 1933 bei der Machtübernahme. Einige Jahre später habe ich dasselbe Amt in W. übernommen.«

»Nun, solch ein Bürgermeisteramt ist doch ein

sehr wichtiges. Sie hatten große Verantwortung, waren angesehen, gehörten zur Prominenz.«

»Das können Sie wohl sagen!«

»Ich kenne auch einen Römer, einen sehr bedeutungsvollen Mann. Der hat wirklich Geschichte gemacht!« erzähle ich.

»Wer ist das denn, Herr Spörl?« fragt er. »Auch ein Römer? Na, jetzt wird es aber spannend.«

»Ja, der hieß nicht Römer, der war ein Römer! Er war der römische Hauptmann am Kreuz von Golgatha!«

Er lächelt, streicht sich mit einer leichten Handbewegung übers Gesicht, als wollte er sagen: »Du bist mir vielleicht einer –!« Lange schaut er mich an.

Ich erkläre: »Sehen Sie, Herr Römer, dieser andere Römer hatte die hoheitsvolle Aufgabe, die Kreuzigung des Jesus von Nazareth durchzuführen. Er sah das Haupt voll Blut und Wunden mit der Dornenkrone. Dieser Römer kontrollierte die Nägelmale an Händen und Füßen. Er befahl, daß man Jesus mit einer Lanze die rechte Seite aufschlitzte. Dieser Römer hörte, wie Jesus betete: 'Herr, vergib ihnen, sie wissen nicht, was sie tun!' Er hörte auch, wie der eine Verbrecher dem anderen die Unschuld dieses Mannes in der Mitte bezeugte. Dieser Römer erlebte, wie eine dreistündige Finsternis über das Land zog und die Erde erbebte.

Wissen Sie, Herr Römer, was dieser andere Römer schließlich sagte?« Mein alter Freund steht immer noch vor mir, stützt sich mit beiden Händen auf seinen Stock, schaut mich mit großen Augen an und sagt schließlich: »Ja – und? Was hat dieser Römer denn nun gesagt?«

»Als dieser römische Hauptmann das alles sah, was geschah, pries er Gott und sprach: 'Wahrlich, dieser ist Gottes Sohn gewesen!' Und ich, Herr Römer, darf Sie in diesem Namen Jesu segnen. Wie er für meine Schuld am Kreuz gestorben ist, so hat er auch die Ihre auf sich genommen. Ich bete für Sie und wünsche, daß auch Sie sagen können: 'Wahrlich, dieser Jesus ist Gottes Sohn!'«

Zu meiner großen Überraschung sagt er: »Und wissen Sie, was dieser Jesus auch gesagt hat? 'An ihren Früchten sollt ihr sie erkennen.' Wo sind denn heute die echten, wahren Christen, Herr Spörl?«

Ich antworte: »Herr Römer, ich bin ja ganz überrascht, was Sie schon von Jesus wissen!« – Er dreht sich um, zieht langsam seinen Weg dahin, und ich habe den Eindruck, daß es auch bei meinem Herrn Römer eingeschlagen hat.

». . . dann galoppiert die Lisbeth in die Ewigkeit hinein!«

Es klingelt. Die letzte Unterrichtsstunde ist vorbei. Die Kinder sausen nach Hause. Da kommt mein Kollege R. und will mit mir noch etwas besprechen. Er ist streng katholisch. Er glaubt, daß seine Kirche die alleinseligmachende ist, und stimmt mit meinem Konrektor darüber überein, daß in Kürze sowieso alle Christen katholisch sind.

Jetzt sitzt Herr R. vor mir. Nachdem wir die schulischen Angelegenheiten besprochen haben, kommen wir auch auf Glaubensfragen zu sprechen. Ich will mit dem sonst recht guten Heilpädagogen kein Streitgespräch anfangen. Doch schließlich komme ich zum Kernpunkt und frage meinen Kollegen: »Herr R., darf ich Sie einmal fragen: Haben Sie ewiges Leben?«

»Aber Herr Spörl, das kann man doch nicht wissen. Vielleicht! Ich hoffe es! Ich weiß doch gar nicht, was ich bis zu meinem Lebensende noch sündige!«

»Was ich ihnen jetzt sage, ist kein Aberglaube, Herr R., sondern Gottes Wort. Wie Sie sagen, haben Sie auch eine Bibel. – Lange Zeit war ja leider den Katholiken das Lesen in der Bibel verboten. – Also, hier steht in Johannes 3, Vers 16: 'So sehr hat Gott die Welt geliebt, daß er seinen eingeborenen Sohn gab, damit alle, die an ihn glauben, nicht verloren werden, sondern das ewige Leben haben.‘ Sie sagen, Sie glauben auch an Jesus.«

»Natürlich!«

»Herr R., darf ich wieder fragen: Haben Sie Jesus? ‘Die Teufel glauben auch und zittern‘ steht hier in meiner Bibel. Ich sage nun nicht, daß Sie ein Teufel sind, aber um meine Frage kommen Sie nicht herum; früher oder später müssen Sie darauf antworten.

In 1. Johannes 5, Vers 12 steht: ‘Wer den Sohn Gottes hat, der hat das Leben; wer den Sohn Gottes nicht hat, der hat das Leben nicht.‘«

Er sagt: »Ach, Herr Spörl, Sie dürfen das alles nicht so wörtlich nehmen! Aber entschuldigen Sie, ich muß jetzt nach Hause!«

Auf einem meiner Streifzüge für Jesus gehe ich die Lindenstraße entlang und komme zur Bushaltestelle. Etwas abseits steht eine ältere Frau.

Ich frage: »Darf ich Ihnen etwas schenken?« und biete ihr ein evangelistisches Traktat an. »Was ist das?«

»Das ist die frohmachende Botschaft von Jesus Christus.«

»Nee – hier! Ich bin gut katholisch. Das genügt mir«, sagt sie abwehrend.

»Und wenn Sie jetzt tot umfallen, wo sind Sie dann?«

»Das kann man doch gar nicht wissen. Ich hoffe, im Himmel. Aber ich habe Ihnen doch schon gesagt, daß ich gut katholisch bin, das genügt mir. Hier, nehmen Sie das Blättchen wieder mit!«

Alle umstehenden Personen haben das kurze Gespräch gehört und nehmen dankend mein Traktat an. Ich aber bete für alle, besonders für die gute Katholikin.

In der Kirchgasse treffe ich die liebe Oma Lisbeth. Sie ist 91 Jahre alt, quicklebendig, gesund und geistig frisch. Sie hat mehrere meiner Evangelisationen hier am Ort erlebt und sagt voller Freude mitten auf der Gasse: »Weißt du, wenn ich schon hier solche große Freude mit Jesus habe, was soll das denn erst drüben geben!«

Später bin ich in ihrer schlichten Wohnung zu Besuch. Ehe wir gemeinsam beten, sagt sie: »Helmut, weißt du, der Herr Jesus hat mich am Zügel. Zieht der Herr Jesus seinen Zügel links an, dann geht die Lisbeth nach links. Aber wenn der Herr Jesus beide Zügel an sich heranzieht, dann galoppiert die Lisbeth in die Ewigkeit hinein!«

Wir lachen beide tüchtig. Welch ein fröhliches Christsein! Ich habe in meinem ganzen Leben selten eine solche fröhliche, überzeugende Heilsgewißheit erlebt.

Ja, Oma Lisbeth *hat* Jesus!

Die zerbrochene Brille

Ich bin in der Sparkasse, um meinen Kontoauszug abzuholen. Da fällt mir plötzlich von meiner Lesebrille ein Glas auf den Fußboden. Mir bleibt nichts anderes übrig, als zu dem nahegelegenen Optiker König zu gehen.

Wir kennen uns seit vielen Jahren, und er ist immer sehr freundlich zu mir. Mit ihm kann ich mich über alles unterhalten. Aber das heutige Gespräch ist einmalig.

Er schaut sich die kaputte Brille an und sagt: »Nein, Herr Spörl, da ist nichts mehr zu machen, die kann ich nicht mehr reparieren. Sehen Sie hier, und da ist auch die Einfassung gebrochen. Sie müssen eine neue Brille haben.«

»Gut, ich gehe zum Augenarzt, der wird mir eine neue verschreiben. – Und wie geht es Ihnen sonst, Herr König? Hören Sie mal, Sie haben einen wunderbaren Namen: König! Sie können ein wirklicher König werden!«

Er lacht. »Wie soll denn das zugehen?«

»Wie das zugeht, steht in der Bibel, und zwar in der Offenbarung des Johannes, Kapitel 1, Verse 5 und 6. Dort heißt es: '. . . der uns liebt und uns erlöst hat von unseren Sünden mit seinem Blut und uns zu Königen und Priestern gemacht hat vor Gott, seinem Vater, ihm sei Ehre und Gewalt von Ewigkeit zu Ewigkeit! Amen.'

Wie Jesus all meine Schuld, meine Sünden,

meine Verfehlungen am Kreuz von Golgatha mit seinem Blut bezahlt hat, so hat er dies auch für Sie, Herr König, getan. Wenn Sie Jesus im Herzen haben und bekennen, werden Sie in der Ewigkeit ein König und Priester sein.«

Er guckt mich mit großen Augen und offenem Mund an und sagt: »Herr Spörl, das hat mir noch keiner gesagt!«

»Das hat Jesus Ihnen jetzt gesagt, Herr König! – So, und nun gehe ich zum Augenarzt und lasse mir eine neue Brille verschreiben.«

War das heruntergefallene Brillenglas in der Sparkasse das Zeichen meines himmlischen Vaters für die von ihm bestimmte Stunde für den Optiker König?

Drüben werden wir einmal staunen, was Jesus mit kleinsten Dingen alles getan hat, auch mit einem kaputten Brillenglas.

Der Lobzettel

Mit scharfem Blick schauen meine Kinder auf das Pult, ob die drei Buntstifte auch da liegen. Die Schüler wissen nämlich, daß die Lobzettel für gerade noch gute Leistungen mit Grünstift, für gute Arbeiten mit Blaustift und für sehr gute Leistungen mit Rotstift geschrieben werden. Neben meine Unterschrift wird der Schulstempel gesetzt. Wenn ich ab und zu diesen Stempel nicht auf den Lobzettel drücke, kommen die Betreffenden und bitten mich, dies nachzuholen. Der Stempel mit dem Namen der Schule gibt den Zetteln etwas Vollgültiges – die Kinder sind stolz darauf.

Jeder, der solch einen Lobzettel bekommt, darf ihn vor der ganzen Klasse vorlesen. Es ist interessant, wie diejenigen, die sonst schlecht lesen können, vor Freude und innerer Spannung viel fließender als sonst lesen: »Lobzettel! Hans wird gelobt. Er war sehr fleißig und aufmerksam. Er hat im Rechnen eine sehr gute Leistung gezeigt!« Mit leuchtenden Augen geht er dann auf seinen Platz.

Vor einiger Zeit sprach ich mit einem Herrn im Ort. Er sagte: »Herr Spörl, Sie unterrichten doch auch den Manfred B. Der kam vor einigen Tagen stürmisch die Straße heruntergesaust, einen Zettel in der Hand. Vor mir blieb der Junge plötzlich stehen und zeigte mir dieses kleine Papier mit den Worten: 'Herr K., ich habe heute einen Lobzettel bekommen! Hier, lesen Sie mal!'«

Im allgemeinen ist der Mensch geneigt, immer das Schlechte im anderen zu sehen, um sein eigenes Ich etwas aufzupolieren. Man entdeckt die Fehler der anderen nur zu gern und rückt das Unschöne in den Mittelpunkt. Solch ein Vorgehen kommt aber bei Erwachsenen und viel mehr noch bei Kindern einem seelischen Mord gleich. Dagegen ist mit Anerkennung und Lob das Leben verbunden.

Es war für mich als siebenjähriger ABC-Schütze immer ein Festtag, wenn mein Klassenlehrer auf einen kleinen Zettel schrieb: »Helmut wird gelobt! Er hat eine lange Geschichte ganz allein erzählt« oder »Helmut wird gelobt! Er ist Schönschreibemeister in der Klasse!« Diese Lobzettel besitze ich heute nach 70 Jahren noch. Und wenn ich sie anschaue und lese, geht ein Lächeln und Schmunzeln über mein altes Gesicht. Ich werde meinen gläubigen, wiedergeborenen Lehrer Bock nicht vergessen. Er verstand etwas von der himmlischen Psychologie, Pädagogik und Heilpädagogik. Vielleicht gab er mir damals, unbewußt, schon etwas mit.

Nicht nur in der Schule, sondern überhaupt bei zwischenmenschlichen Beziehungen, besonders in der Familie, soll ein anerkennendes Wort nie fehlen. Ich sehe noch jetzt die leuchtenden Augen und die glücklichen Gesichter unserer Kinder, wenn ich in ihrem Beisein unserer treusorgenden, liebevollen Mutti sagte: »Weißt du, bei dir schmeckt es immer am besten!«

Schon unter den Menschenkindern wirkt ein anerkennendes Wort, ein schlichtes, aufrichtiges Lob geradezu Wunder. Wieviel mehr ist da Freude im Himmel bei Jesus und der großen Engelschar, nicht nur über einen Sünder, der Buße tut, sondern über jedes schwache Loblied eines Kindes und über die Loblieder der fröhlichen Gotteskinder, wenn sie singen: »Vom Aufgang der Sonne bis zu ihrem Niedergang sei gelobt der Name des Herrn!«

Die Geburtstagstorte

Durch Gottes Gnade darf ich meinen 77. Geburtstag erleben. Der Postbote bringt viele liebe Briefe aus dem In- und Ausland, die Telefonate reißen nicht ab. Ich wußte gar nicht, daß mich so viele Menschen so liebhaben.

Gegen Mittag schellt es an der Haustür. Mein Sohn Harald öffnet. An der Stimme erkenne ich meinen Nachbarn Paul K. Dann steht er vor mir und sagt: »Herr Spörl, ich gratuliere Ihnen ganz herzlich zu Ihrem Siebenundsiebzigsten.« Er stellt eine Flasche Wein auf den Tisch und daneben eine Torte, verziert mit Mandeln und Weintrauben. Mein Gratulant fährt fort: »Meine Frau hat gesagt: 'Der Herr Spörl hat ja nun keine Frau mehr, da will ich ihm doch mal eine schöne Torte machen!' Sie läßt Sie auch herzlich grüßen, und wir wünschen Ihnen alles Gute, vor allem Gesundheit!«

Mir stehen die Tränen in den Augen. Ich bin sprachlos, soviel Liebe von Menschen zu erfahren, die Atheisten sind. Und ich sage: »O Heiland, du siehst es, auch das ist bei dir angeschrieben.«

Schon oft habe ich dieser Familie das Evangelium von Jesus gebracht, aber ich habe diese freundlichen Menschen nie »vollgepredigt«. Ich habe ihnen erzählt, was ich mit Jesus in meinem Leben erfahren habe. Einmal sagte Frau K.: »Herr Spörl, wir kennen Sie ja nun gut. Wir wissen, daß

Sie uns nicht belügen. Wir müssen alles so stehenlassen. Wir haben keine Antwort darauf.«

»Können Sie jetzt, wenn Sie die verschiedenen Erlebnisse gehört haben, verstehen, daß der Spörl überall bekennen muß: 'Jesus lebt!?'« frage ich.

Sie nickt. »Ja, ja, aber wir haben eben den Glauben nicht.«

»Sie können sich darauf verlassen, daß ich auch für Sie alle bete!«

»Ja, tun Sie das mal! Wissen Sie, wenn man von Kindesbeinen nichts anderes kennt, bleibt eben nur das eine: 'Wenn ich tot bin, ist es endgültig aus.'«

Ich sage ihr: »Frau K., das ist es eben nicht! Dann fängt das eigentliche Leben erst an. Kommt nur darauf an, wo!«

Wir verabschieden uns.

Sie drückt mir die Hand. »Wissen Sie, mit Ihnen kann man sich gut unterhalten!«

Ich aber bete weiter für diese freundlichen Nachbarn.

Die Geburtstagstorte, gerade von Familie K., hat mir besonders gut geschmeckt, und dabei fällt mir das Wort Jesu ein, das er in Matthäus 19, Vers 30 sagt: »Aber viele, die die Ersten sind, werden die Letzten, und die Letzten werden die Ersten sein!«

Die Zwiebel

»Heute kommt Angela von Schwelm und wird uns wieder mal ein recht gutes Mittagessen zubereiten. Sie kann das genausogut wie unsere liebe Mutti«, sage ich zu Harald und zu meinem Enkelsohn Andreas.

Bei der Essensvorbereitung sagt Angela plötzlich: »Ach, Opa, es sind keine Zwiebeln mehr da! Was jetzt?«

»Ich gehe eben mal zu Frau K. gegenüber, die leiht mir bestimmt eine«, antworte ich. Und so ist es. »Hier, Angela, da hast du eine schöne große Zwiebel! Ich freue mich schon auf dein gutes Essen!«

Einige Tage später fragt mich Harald: »Hast du Frau K. eigentlich die Zwiebel zurückgebracht?«

»Es ist gut, daß du mich daran erinnerst«, sage ich. »Da muß ich gleich noch hin!«

Im selben Augenblick sagt der Geist Gottes in mir: »Und wenn dich jemand nötigt, eine Meile mitzugehen, so geh mit ihm zwei« (Matth. 5, 41) und fügt hinzu: »Nimm zwei Zwiebeln!«

»Ist doch merkwürdig!« denke ich.

Kurz darauf stehe ich mit meinen beiden Zwiebeln an der Haustür des Nachbarn und drücke auf die Klingel.

»Guten Morgen, Frau K. Die liebe Liselotte K. hat mir kürzlich mit einer schönen großen Zwiebel so freundlich ausgeholfen. Und wissen Sie, was Jesus mir sagte? 'Und wenn dich jemand nötigt, eine Meile mitzugehen, so gehe mit ihm zwei.' Jetzt wurde ich in meinem Inneren dazu getrieben, Ihnen zwei Zwiebeln zurückzubringen.«

Sie lacht. »Ach, Herr Spörl, Sie brauchten mir doch überhaupt keine Zwiebel zurückzubringen! Aber kommen Sie doch herein! Jetzt sind Sie da, jetzt wollen wir uns wieder einmal über den Glauben unterhalten.«

Ich bin von dieser Aufforderung überrascht und sage im stillen: »Jesus, hast du etwa die Zwiebel dafür benutzt?«

»Herr Spörl«, fängt sie an, »ich wollte Sie immer schon fragen: Wie kann das ein Gott der Liebe sein, der alles Furchtbare, was in der Welt geschieht, zuläßt? Also, ich verstehe das nicht: die Kriege, die Katastrophen, Unschuldige kommen um, usw.«

Ich erkläre: »Frau K., Sie haben ja einen Sohn. In Ihrer Liebe und Fürsorge zu ihm weisen Sie ihm – wie kann es anders sein – den rechten Weg. Aber der Junge hört nicht. Immer wieder sagen Sie ihm mit mütterlicher Freundlichkeit und Geduld, was richtig ist. Der Junge hört nicht; er ist eigensinnig, widerspenstig. Sie ermahnen ihn, warnen ihn. Er aber geht seinen eigenen Weg. Als er ins Erwachsenenalter gekommen ist, sprechen Sie wieder mit ihm. Er aber schlägt alles in den Wind. Schließlich sagen Sie eines Tages voller Zorn: 'Soll er doch in sein Unglück rennen, er wollte es ja nicht anders!‘ Aber in Ihrem Herzen sind Sie doch sehr traurig.

So ähnlich ist es bei Gott, unserem himmlischen Vater. Schon so oft hat er den Menschen den rechten Weg gezeigt, das wahre Glück, die rechte Freude, den wahren Frieden. Mit unsagbarer Geduld und Langmut hat er für seine Menschenkinder nur das Beste vor. Aber sie wollen nicht. Da sie einen freien Willen haben, haben sie sich gegen ihn entschieden. Nun läßt er sie in ihr Unheil rennen, in ihre Tiefen stürzen. Er läßt es zu, daß der Teufel, der große Durcheinanderwürfler, sie peinigen kann, wie er will.

Aber dann schreien sie sofort: ‘Wie kann denn das Gott, wenn es überhaupt einen gibt, zulassen! Das soll ein Gott der Liebe sein?‘

O Frau K., wie schnell ist der Mensch bereit, das Chaos nicht sich selbst, sondern Gott zuzuschieben! Und das wird nicht besser, sondern schlimmer. Der Mensch will sich selbst erlösen und stürzt ins Unheil.«

Sie erwidert: »Nun gut, Herr Spörl, aber was ist mit den Unschuldigen, die auf Gott hören und auch das Chaos mitmachen müssen?«

»Ja, Sie haben recht«, sage ich. »Die sind in dem Hexenkessel mit drin. Aber die an Jesus Christus Gläubigen – ich meine jetzt nicht die sogenannten Christen – wissen, daß ihnen alles, was auf sie zukommt, zum Besten dienen muß, daß alles an Gott vorbeiführt. In manchen Fällen erhalten sie allerdings erst in der Ewigkeit eine Antwort.

Gott sagt zu Ihnen, Frau K, und zu Ihnen, Herr

K., und zu mir: 'Denn meine Gedanken sind nicht eure Gedanken, und eure Wege sind nicht meine Wege – sondern soviel der Himmel höher ist denn die Erde, so sind auch meine Wege höher denn eure Wege, und meine Gedanken als eure Gedanken.'

Vieles ließe sich noch dazu sagen. Nun müssen Sie erst das mal verdauen. Ihre Zwiebel hatte es aber in sich!«

Beide lachen. Frau K. sagt: »Das dürfen Sie glauben!«

»Dann bis zum nächsten Mal!«

Die Bleisoldaten

Sieben Familien wohnten in dem großen Mietshaus Neundorfer Straße 155. Aber es gab nur einen Jungen, Gothardt, mit dem ich spielen konnte. Sein Vater war Berufsoffizier im Ersten Weltkrieg. Man schrieb das Jahr 1919. Mein Papa, den ich Knirps mir nicht recht vorstellen konnte, war noch in Rußland. Auch Gothardts Vater wurde fern der Heimat festgehalten. Aber er hatte seinem Sohn ein ganzes Regiment von Bleisoldaten mit einer Burg und sonstigen militärischen Geräten zukommen lassen, wahrscheinlich in der Hoffnung, daß Gothardt auch einmal ein stolzer Offizier werden würde.

Wenn ich in unserer guten Stube meine wenigen Bleisoldaten anschaute und mit meinen paar Habseligkeiten spielte, kam Neid auf, wenn ich an Gothardts Heerlager dachte.

An einem Tag ließ seine Mutter mich wie immer mit großer Freundlichkeit herein. Sie war froh, daß ihr Gothardt in dem lieben Helmut so einen netten Spielkameraden hatte. Wir beiden Lausbuben mit unseren fünf Jahren spielten Krieg miteinander. Dabei fielen meine Augen immer wieder auf einen galoppierenden Reiter und einen Hauptmann mit schwingendem Säbel. Die beiden hatten es mir angetan. Wir spielten und spielten, bis meine Mama mich rief. Sie war sehr streng, und ich gehorchte aufs Wort.

Einige Tage später baute ich meine eigenen Bleisoldaten auf unserem Küchentisch auf. Wie war ich stolz, den galoppierenden Reiter und den Hauptmann mit dem schwingenden Säbel unter meiner Abteilung zu haben. Jetzt sah das schon etwas besser aus! Gothardt hatte doch so viele Soldaten. Der merkte den Verlust sicher gar nicht. Aber eine Mutter, die ihr Kind liebt, hat besonders scharfe Augen. Meine Mama warf bei ihrer Arbeit in der Küche hin und wieder einen Blick auf den Tisch und entdeckte etwas: »Sag mal, mein Junge, diesen Reiter da und diesen Mann dort mit dem schwingenden Säbel habe ich aber bei dir noch nie gesehen.«

Mir schoß das Blut in den Kopf. Ich bekam kein Wort heraus.

Sie sagt: »Den Reiter da und den Hauptmann dort, die beiden hast du doch von Gothardt mitgenommen!«

Und nun erlebte das kleine Bubenherz das Schlimmste, was es geben kann.

Mama sagte: »Jetzt nimmst du den Reiter und den Hauptmann, gehst hinunter zu Gothardts Mutter und sagst: 'Frau Veit, hier bringe ich das wieder, das gehört Gothardt, ich hatte es mitgenommen. Bitte, verzeihen Sie mir!' Hör mal, du, ich bleibe hier oben an der Vorsaaltür stehen, gucke hinunter und warte, ob du auch klingelst und hineingehst.«

Ich schlich hinunter. Mir pochte das Herz. Ich hätte lieber ein paar tüchtige Schläge auf den Po eingesteckt.

Dann stand ich unten mit den zwei Bleisoldaten, die mir jetzt auch nicht helfen konnten. Ich schaute ängstlich hinauf. Oben stand Mama immer noch und wartete. Sie nickte befehlerisch mit dem Kopf, als wollte sie sagen: »Wird's bald?«

Kaum hatte ich auf die Schelle gedrückt, öffnete auch schon die liebe Frau Veit.

»Na, Helmut, was ist?«

Und nun begann das Stottern – oben Mama, vor mir Gothardts Mutter. Beide hörten den kleinen Sündenbock an, ließen ihn mit ernsten Mienen bis zum Ende ausreden. Dann war es endlich heraus.

Frau Veit streichelt mir über den Kopf und sagte: »Nun ist ja alles gut, Helmut.«

Oben schloß Mama unsere Vorsaaltür.

Frau Veit sagte: »Komm herein, Helmut. Gothardt wartet schon auf dich.«

Heute noch danke ich meiner lieben Mutter für diese Lektion mit den Bleisoldaten.

Von Läusen und Fingernägeln

Bevor ich als Leiter einer Sonderschule für Lernbehinderte tätig war, unterrichtete ich an einer Volksschule, die damals acht Klassen hatte. Ich hatte ein zweites und ein drittes Schuljahr zu betreuen. Immer wieder bemühte ich mich, der kindlichen Eigenart möglichst viel Spielraum zu lassen. Wie schöpferisch können Kinder tätig sein. Sie stehen auch dem himmlischen Vater noch am nächsten.

Im zweiten Schuljahr hatte ich ein Mädchen, das von sehr nachlässigen Eltern stammte. Sie wurde von allen anderen Kindern verachtet und verstoßen, niemand sprach mit ihr.

»Die hat Läuse!« sagten die einen. Sie hatte auch einmal welche gehabt. Das Mädchen litt seelisch unsagbar.

Eines Tages habe ich das zweite und dritte Schuljahr zusammen in der Klasse. Die Kinder müssen zusammenrücken. Karola bekommt keinen Platz, niemand will sie bei sich haben.

Ich sage zu einem lieben, freundlichen Mädchen: »Karola, setz dich dorthin zu Marlis.«

Marlis aber erhebt sich sogleich: »Herr Spörl, meine Mutter hat gesagt, ich darf mich nicht neben Karola setzen, die hat Läuse.«

Was nun? Ich bin einen Augenblick ratlos. In meinem Herzen sage ich kurz: »Herr, mach du es jetzt!«

»Karola hat ja gar keine Läuse!« sage ich. »Sie bekommt den besten Platz, den wir überhaupt haben. Hier vorn, in der Einsitzerbank bei mir, hat sie eine ganze Bank für sich allein. Und jetzt, Karola, darfst du aus der Küche gleich die Kelle für die Schulspeisung holen.« Es hat gerade zur Pause geschellt, die Kleine strahlt und springt davon.

In der nächsten Stunde behandeln wir die Mitlaute »w« und »f«. Ich erzähle eine ganz kurze Geschichte von einem kleinen Jungen, der auf der Straße vor einem Schild steht. Ich zeichne das Schild an. Er liest. Es dauert eine Weile, bis er es heraus hat. Schließlich kommt über seine Lippen: »Feine Weine.« Meine Kinder wissen nicht gleich, was das bedeuten soll. Erst als ich eine Weinflasche dazu male, wird es klar.

Plötzlich ruft Detlef: »Ich weiß noch ein anderes: Feile – Weile!«

»Das darfst du auch anschreiben«, erwidere ich. »Wer kann mir denn etwas von einer Feile erzählen?« Es folgt eine Aussprache über die Feile, und ich traue meinen Augen kaum, als zwei Jungen tatsächlich eine Feile hervorbringen. Wie kann es auch anders sein – Buben haben unendlich viele Schätze in ihren Hosentaschen.

Nun haben wir also das Ding in der Hand, können es greifen, können es in Augenschein nehmen, können hören, wie es feilt, und wir begreifen. Was gibt es nicht alles über die Feile zu berichten! Wer braucht denn eine Feile? Schließlich wird es spannend. Ich frage: »Und wer noch? Ich weiß noch jemand, der eine Feile hat.« Da schießt Edeltraud in die Höhe: »Meine Mutter hat am Sonntagmorgen immer eine Fingernagelfeile!« Ich gebe dem Mädchen eine, es muß das Feilen vormachen. Bei dieser Gelegenheit sehe ich gleich einmal die Fingernägel meiner Kinder an. Karola, die »Ausgestoßene« hat ganz saubere, während andere richtige »Kohlenschaufeln« zeigen. Jetzt ist es angebracht, Karolas saubere Nägel allen zu zeigen und sie zu loben. Die Kleine strahlt, findet ihre Sicherheit wieder, die sie in der letzten Stunde verloren hatte.

»Eine Sprachlehrstunde?« fragt vielleicht mancher Lehrer zweifelnd. Ich habe diese Stunde bewußt so durchgeführt. Daß der Junge die Feile nannte, war eine glückliche Bereicherung. Er war stolz, denn »seine Feile« wurde der Mittelpunkt der Stunde. Mit wahrer Begeisterung haben dann alle nach anderen Wörtern gesucht und haben viele dazu gefunden.

Etliche Jahre nach den »Läusen und Fingernägeln« treffe ich Karola auf der Straße. Wie freundlich begrüßt das Mädchen mich!

»Herr Spörl, wissen Sie noch? Sie haben mir viel gegeben! Ich danke Ihnen noch immer!«

»Karola, nicht mir. Danke Jesus, deinem Heiland!«

Lothars Gebet

». . . wir können mit unserem Heiland alles besprechen. Wir können mit ihm reden, so, wie wir uns mit unserem Vater und unserer Mutter unterhalten. Solche Gebete liebt unser himmlischer Vater, und er erhört sie auch. Wer hatte denn schon einmal solch ein Erlebnis?« Da meldet sich der zwölfjährige Lothar. Sein so schnelles Fingerzeigen hatte ich nicht erwartet. Alle Mädchen und Jungen schauen zu ihm.

Lothar, eine Gebetserhörung? Ausgerechnet er? Er hat sich noch nie an einer Gebetsgemeinschaft in der Klasse beteiligt.

»Du, Lothar, hattest eine Gebetserhörung?« frage ich nachdenklich.

»Ja, noch gestern abend, Herr Spörl«, erwidert er.

Ich schaue den Jungen eine Weile an. Lothar ist ein ausgekochter, verlogener, zu allen bösen Taten aufgelegter Schüler. Lothar ist der Störenfried in der Klasse, der mir viele Sorgen bereitet, der mich manche Nerven gekostet hat. Bei den Großeltern wächst er auf. Den Vater kennt er nicht, die Mutter kümmert sich kaum um den Jungen.

»Na schön, Lothar, dann erzähl uns mal«, fahre ich, etwas tief Luft holend, fort.

»Gestern abend war mein Opa wieder besoffen.

Der machte einen Krach! Als ich zur Tür hereinkam, schob ihn meine Oma gerade aufs Sofa. Er aber sprang auf, nahm einen Stuhl und warf nach ihr. Er traf aber die Lampe. Eine Scherbe bekam ich hier an der Schulter ab. Ein Nachbar und der Hausbesitzer kamen und drohten mit der Polizei. Sie sollten nur die Polizei holen, schrie der Opa, er warte auf sie. Dann ging er auf die Oma los. Die konnte sich nur noch mit einem Besenstiel retten.

Da bekam ich Angst! Ich lief schnell ins Schlafzimmer, legte mich ins Bett und sagte: 'Lieber Heiland, gib, daß der Opa still wird! Amen.' Und als ich das gesagt hatte, ging die Tür auf, der Opa kam, legte sich ins Bett und war ruhig.«

Lothar sitzt wieder auf seinem Platz. Voll innerer Erregung, als hätte er alles gerade noch einmal erlebt, hat er sich von seinem Platz erhoben, als wollte er damit seinem Erzählen Nachdruck verleihen.

Mit großen Augen schaut er mich an. Sein Blick ist traurig und fragend zugleich: »Was sagen Sie nun?«

Einige Schüler lächeln, unterdrücken es aber, andere sind nachdenklich geworden. Ich bin es auch und sage: »Eine wunderbare Gebetserhörung!« Da schellt es, die Stunde ist um. Pause!

Aber die Pause ist für mich keine Pause. Zu Lothar, der mir bisher soviel Sorge bereitet hat, hat sich in seiner großen Angst Jesus bekannt. Er kennt den Jungen besser als ich. Er gibt ihm, dem ausgekochten Burschen, im richtigen Augenblick den richtigen Hilferuf ins Herz und schenkt die Erhörung.

Ich aber habe in meiner Heilpädagogik in einigen Minuten sehr viel hinzugelernt.

Wenn ich sage: »Unmöglich!«, sagt Gott: »Jetzt erst wirst du staunen, was ich vermag!«

»Warum ich denn?«

Immer wieder treffe ich ehemalige Schülerinnen und Schüler meiner Schule. Da kommen Frauen mit ihrem Kinderwagen auf mich zu, bleiben vor mir stehen, begrüßen mich recht freundlich und warten, daß ich in den Wagen hineinschaue. Natürlich haben die lieben Ehemaligen die schönsten Babys, die ich je gesehen habe, und wissen gar nicht, daß ich Mutter und Kind in diesem Augenblick im Namen Jesu gesegnet habe.

An einem Tag kommt mir wieder eine ehemalige Schülerin entgegen, bleibt erstaunt vor mir stehen und sagt: »Herr Spörl! Sie leben noch? Man hat mir gesagt, sie seien tot.«

»Das ist aber nun doch zu komisch. Du siehst, ich lebe noch. Mindestens sechsmal hat man mich schon für tot erklärt. Aber weißt du, der Herr über Leben und Tod ist Jesus. Und solange er mich noch braucht, ist der Helmut Spörl noch da!« – »Da haben Sie recht!« –

Ich gehe die Lindenstraße entlang. Plötzlich hält ein schönes Auto neben mir. Klaus, ein ehemaliger Schüler, schaut heraus und sagt fröhlich: »Na, Herr Spörl, was sagen Sie nun? Gefällt Ihnen mein Wagen?« Während des kurzen Gesprächs erfahre ich, daß er eine gute Arbeitsstelle hat, Vorarbeiter ist und eine glückliche Familie hat. Dankend nimmt er mein Traktat und fährt weiter.

In diesen Minuten bin ich ein glücklicher Mensch. Ich freue mich, daß in Jahrzehnten meiner Tätigkeit als Leiter einer Sonderschule für Lernbehinderte Tausende und Abertausende von Schülerinnen und Schülern, die durch meine Hände gegangen sind, das Evangelium von Jesus Christus von mir gehört haben.

Einen Tag werde ich nicht so schnell vergessen. Wieder bin ich auf meinen Streifzügen für Jesus. Mir kommt eine Frau entgegen, deren linkes Bein steif ist. Sie hält einen großen braunen Briefumschlag in der Hand. Ich komme näher, erkenne die Hinkende und sage: »Ja, Bärbel, was hast du denn?«

Sie ist überrascht. »Herr Spörl, kennen Sie mich denn noch, nach so vielen Jahren? Ich komme gerade vom Orthopäden. Ich muß an den Bandscheiben operiert werden, wahrscheinlich noch diese Woche in Elberfeld. Hier habe ich die Überweisung. – Aber, Herr Spörl, eine Frage: Warum mußte ich denn damals zur Sonderschule? Warum denn ich? Ich habe selbst vier Kinder, und keines war in der Sonderschule.«

»Bärbel, es sind nun 40 Jahre vergangen. Ich weiß heute nicht mehr, wer dich zu mir überwiesen hat. Aber eines werde ich nie vergessen. Du hast damals in unserer Gebetsgemeinschaft in der Klasse gebetet: 'Herr Jesus, gib doch, daß meine Oma nie mehr zur Kartenlegerin geht. Ich will nicht, daß sie zum Teufel fährt. Amen!' Und, Bärbel, wenn du den Herrn Jesus liebhast und eines Tages bei ihm bist, wird er nie und nimmer fragen: 'Na, Bärbel, bist du in der Sonderschule gewesen? Oder bist du in der Oberschule oder Universität gewesen? Bist du evangelisch oder katholisch oder freikirchlich gewesen?' Jesus sieht dein Herz an, Bärbel, du bist dann bei ihm, weil du an ihn geglaubt hast, ihn nie verleugnet hast. Aber du kannst nicht länger stehen. Jesus, segne dich! Ich bete für dich!«

»Vielen Dank, Herr Spörl!«

Bärbel hinkt davon; ich ziehe zum Friedhof.

Einen Tag später werde ich zu Hause sehr unruhig. Gottes Geist sagt mir immer wieder: »Besuche Bärbel in ihrer Wohnung!«

»Ja, aber . . . ich weiß gar nicht, wie sie jetzt heißt und wo sie wohnt.«

»Geh in die Praxis des Orthopäden!« höre ich es in mir.

»Heiland, der hat doch ärztliche Schweigepflicht!«

»Geh in die Praxis!«

»Herr Jesus, wenn du das so willst, gehe ich in deinem Namen.«

In der Anmeldung in der Praxis stehen eine Arzthelferin und die Frau des Orthopäden vor mir.

Zur letzteren sage ich: »Mein Name ist Helmut Spörl. Ich bin der ehemalige Rektor der hiesigen Albert-Schweitzer-Sonderschule. Sie haben eine Patientin mit dem Vornamen Bärbel. Sie ist eine frühere Schülerin von mir. Der hätte ich noch etwas Wichtiges mitzuteilen. Ich weiß aber nicht, wie sie jetzt heißt und wo sie wohnt. Sie muß wohl an den Bandscheiben operiert werden. Ich traf Bärbel gestern vor Ihrem Haus auf der Straße, da hat sie mir alles erzählt. Bitte helfen Sie mir!«

»Moment mal, Herr Spörl, das werden wir gleich haben.« Sie sucht in ihrer Kartei und schreibt dann auf einen Zettel: »Bärbel W., Milsper Straße 47.«

»Ich danke Ihnen ganz herzlich! Darf ich Ihnen das hier noch zum Lesen geben?« Sie nimmt mein Traktat gerne.

Am nächsten Tag bin ich auf dem Weg zur Milsper Straße 47. Dort sind riesige Gebäudekomplexe. Die Bevölkerung nennt diese Gegend »Manhattan«. Ich bete: »Herr Jesus, nun mußt du mir die Tür hier unten öffnen und mich Bärbel finden lassen.« Die Tür unten ist offen. Aber wo wohnt denn nun Bärbel? Eine Treppe steige ich hinauf und komme in einen dunklen Flur. Da läuft eine junge Frau mit ihrem Kind. Ich frage: »Können Sie mir vielleicht sagen, wo hier die Familie W. wohnt?«

»Hier, Sie stehen direkt davor!«

Ich klingele. Ein Mann öffnet. Als ich mich vorgestellt habe, sagt er: »Kommen Sie herein!« Dann ruft er: »Bärbel, da ist dein ehemaliger Lehrer!«

Ich staune über die schöne, saubere Wohnung. Nun sitzen wir drei beieinander: Bärbel, ihr Mann, ein gebürtiger Ungar, und ich. Das gibt ein Erzählen! Und der himmlische Vater schenkt Gnade, daß ich den beiden das Evangelium sagen darf.

»Ja, Herr Spörl, ich muß noch diese Woche operiert werden«, erklärt mir Bärbel am Schluß.

»Du kannst dich darauf verlassen, ich bete für dich«, erwidere ich.

Inzwischen hat Bärbel alles gut überstanden. Wieder will ich sie und ihren Mann und die Kinder besuchen. Doch niemand ist zu Hause. Als ich das Gebäude verlasse, kommt mir Bärbel mit schweren Einkaufstaschen entgegen. Sie ruft: »Herr Spörl, alles ist gut! Ist alles gut!«

Dann darf ich in ihrer Wohnung ihr und ihren Lieben eine kleine Osterfreude bereiten.

Mein Freund, der General

Im Mai 1945 ist es endgültig: Unser Ort, das zweitschönste Dorf in der weiteren Umgebung, muß innerhalb von 24 Stunden geräumt werden.

7000 Russinnen und Russen, ehemalige Ostarbeiterinnen und Ostarbeiter, dürfen unter dem Schutz der englischen Besatzungsmacht deutsche Wohnungen belegen. Nun beginnt ein Plündern; Überfall folgt auf Überfall, Mord auf Mord. Meine Frau wird bei einer nächtlichen Schießerei in den Bauch getroffen, überlebt aber auf wunderbare Weise.

Die Sowjetmenschen, die nach den schweren Jahren in unserer Heimat jetzt nur Rachegedanken gegen alle Deutschen haben, sind fort. Reich bepackt mit gestohlenem deutschen Gut fahren sie in die Sowjetunion.

Danach kommen vorübergehend Italiener und dann königstreue Jugoslawen. Die können und wollen nicht nach Hause, weil sie dort von Tito sofort erschossen würden. Sie alle benehmen sich sehr anständig, vorbildlich, vom einfachen Dienstgrad bis zum General. Die Voerder sagen: »Ach, wären doch die Serben gleich zuerst gekommen, dann würde unser Ort nicht so schrecklich aussehen!«

Einen der jugoslawischen Generäle lerne ich kennen und unterhalte mich sehr oft mit ihm. Als ich das erste Mal in sein Zimmer trete, sitzt er am

Tisch, den Rücken mir zugewandt. Zuerst denke ich, es sei sein Bursche. Doch es ist der General selbst. Er trägt eine alte Jacke, seinen Kopf bedeckt eine wollene Zipfelmütze. Es wäre ein recht gutes Motiv für den Maler Spitzweg gewesen.

Ich komme mit diesem hohen Offizier ins Gespräch und lerne in ihm einen feinen, tiefsinnigen Menschen kennen, dem die Heilige Schrift, die auf dem Schreibtisch liegt, alles ist. Es ist eine kostbare Stunde, wenn beim Anblick einer Bibel alles Fremdartige verschwindet und man sich gleich mit einem Menschen verbunden fühlt.

»Mein Herr«, erzählt der General in gebrochenem Deutsch, »ich spreche zu Ihnen wie zu einem Bruder. Als meine Frau starb, mit der ich 25 Jahre glücklich verheiratet war, die mir drei Söhne – drei goldene Söhne, drei goldene Äpfel – schenkte, konnte mir kein Mensch Trost geben. Allein dieses Buch«, er zeigt auf die Bibel, »gab mir Trost.«

Wir unterhalten uns sehr lange. Er erzählt mir viel aus seinem Leben. Er freut sich, daß er in mir in der Fremde, in einem Feindesland, einen Bruder in Christus gefunden hat.

Auch über Politik unterhalten wir uns.

Er sagt: »Hitler galt den Deutschen als der Übermensch; er ist aber ein Übernarr gewesen. Stalin ist stark, er hält alles fest in seinen Klauen. Doch er kann auch nicht alles machen, was er will. Gott tut, was er will.«

Mein General kommt jeden Abend zu uns auf

den Hof und holt sich einen Liter Milch. Er trinkt keinen Alkohol, raucht nicht und geht an jedem Tag des Jahres zum Schwimmen. Er ist unser Freund und Bruder geworden. Mich nennt er »Herr Helmut«.

Eines Tages bin ich mit meiner Gertrud bei Tante Friede. Sie erwartet die Heimkehr ihres Mannes aus amerikanischer Kriegsgefangenschaft. Onkel Philipp ist ein ausgezeichneter Lehrer. Meine Frau, die auch Lehrerin war, und ich freuen uns auf die Heimkehr des Onkels, mit dem wir dann auch fachsimpeln können.

Doch es kommt ganz anders. Der Transportzug mit den heimkehrenden deutschen Kriegsgefangenen stößt in der Nähe von München mit einem amerikanischen Munitionszug zusammen.

»Nun sind wir bald zu Hause!« hat Onkel Philipp kurz vor dem Unglück zu seinen Kameraden gesagt. Dann ist er unter den Toten. So kurz vor der Heimat.

Große Trauer und Niedergeschlagenheit herrscht bei uns allen.

In dieser Stunde schickt Jesus meinen Freund und Bruder, den General. Jetzt spricht er nicht viel. Er holt aus seiner alten Tasche Bohnenkaffee, Weißbrot, Butter und Wurst hervor – alles Dinge, die wir seit langem nicht mehr gesehen haben. Unser Freund serviert Tante Friede und uns Speise und Trank. Er bedient uns nicht nur, wie sonst ein Bursche seinen Herrn bedient, wir spüren seine herzliche Teilnahme und große Liebe zu uns Trauernden. Wir brauchen gar nichts zu tun. Wir staunen und sitzen stumm da. Dann zeigt mein Freund und Bruder, der General, auf die Bibel, schaut uns an und sagt: »Jesus gibt Kraft und Trost!«

Das Nummernschild

Mit ölverschmierten Händen stehen mein 18jähriger Enkelsohn Andreas und sein Freund Bernd vor dem weißen Polo von Andreas. Sie suchen den Defekt, den das Auto hat.

Ich komme gerade von meinen »Streifzügen für Jesus« zurück, gehe an Bernds Golf vorbei und sage: »Ja, das nennt man treue Freundschaft! Aber hör mal, Bernd, du hast an deinem Wagen ein recht interessantes Nummernschild.«

»Wieso, Herr Spörl?«

»Da steht 'EC 787'.«

»Und was ist daran so besonders?«

»Als ich so alt war wie du heute, war ich vor meinem Lehrerberuf in einem großen Weltgeschäft als Handlungsgehilfe tätig. Zu meiner Sportkleidung trug ich damals eine Brosche auf der Brust. Da sagte mein recht unfreundlicher Chef zu mir: 'Sagen Sie mal, was tragen Sie denn da?' Ich erklärte: 'Das ist das Kreuz mit einem E und einem C, das bedeutet *Entschiedenes Christentum.* Ich gehöre zum Jugendbund für Entschiedenes Christentum!' Alle im Kontor hörten es mit. Der Chef schwieg und wandte sich wieder seiner Kalkulationsscheibe zu.

Ja, Bernd, als ich dein Nummernschild eben sah mit dem E und dem C, dachte ich sofort wieder an das Entschiedene Christentum. Weißt du, wir brauchen heute mehr denn je entschiedene Christen – keine sogenannten Christen, Namenschristen. Ich habe mich für Jesus Christus entschieden, ich bin ein entschiedener Christ. Kein Mensch kommt an Jesus Christus vorbei, jeder muß sich entscheiden. Es wäre sehr schön, wenn ihr beiden euch für Jesus entscheiden würdet, wenn ihr als entschiedene Christen durchs Leben gehen würdet.«

Bernd und Andreas sagen nichts, der eine zieht den Mundwinkel etwas nach hinten.

»Aber«, fahre ich fort, »Bernd, dein Schild hat ja noch eine besondere Nummer: 787. Ich will euch beiden jetzt keinen Vortrag über die biblische Zahlensymbolik halten. Aber merkt euch, die Zahl 7 ist eine göttliche Vollkommenheitszahl. Schon in der Natur findet ihr sie immer wieder. Da ist z. B. das Siebengestirn, der Regenbogen mit den sieben Farben, man spricht von den sieben Weltmeeren und den sieben Weltwundern, eine Zwiebel hat sieben Häute, eine Woche hat sieben Tage. Bernd, zähle einmal die Löcher an deinem Kopf! Aha, zwei Augen, zwei Ohren, zwei Nasenlöcher und ein Mund machen zusammen sieben. Ich könnte aus allen Bereichen noch viele Beispiele anführen. Überall taucht die Zahl 7 auf.

Und in der Bibel? Ihr werdet staunen, wie oft die Zahl 7 vorkommt. Lest doch mal die Heilige Schrift! Da kommt etwas auf euch zu! Als die Israeliten die Stadt Jericho einnehmen sollten, mußten auf Befehl Gottes sieben Priester sieben Posaunen vor der Lade hertragen, und am siebenten Tag mußten sie siebenmal um die Stadt gehen und die Posaunen ertönen lassen. Da fielen die Mauern der Stadt Jericho. Ihr beiden lacht, aber das ist keine Legende, es hat sich so zugetragen. Gott lügt nicht. – Ein anderes Beispiel: Der syrische Feldhauptmann Naemann leidet an Aussatz. Er hört, daß in Israel ein Prophet ist, der ihn heilen kann. Mit großem Gefolge zieht Naemann dorthin. Aber was sagt der Prophet Elisa? 'Gehe hin und wasche dich siebenmal im Jordan, so wird dir dein Fleisch wiedererstattet und rein werden.' Naemann will zuerst nicht, doch auf Drängen seiner einfachen Kriegsmänner tut er es dann doch. Naemann steigt ab von seinem hohen Roß, taucht siebenmal im Jordan unter und – ist geheilt. – Im Neuen Testament lesen wir das Vaterunser. Es hat sieben Bitten. Prüft es nach! Jesus am Kreuz spricht in seinen ungeheuren Leiden und Schmerzen sieben Worte. So könnte ich stundenlang mit euch beiden eine Reise durch die Bibel machen. Immer wieder taucht die Zahl 7 auf.«

»Und die Zahl 8?« fragt Andreas.

»Sie gilt in der biblischen Zahlensymbolik als die Auferstehungszahl, als die Zahl der Erneuerung. Aber für heute genug davon. Du, Bernd, willst ja mal Mathematik, Physik und Chemie studieren. Wie wäre es, wenn du deine Doktorarbeit über die Zahl 7 schreiben würdest? Ja, auch in diesen Fächern kommt sie überall vor. Dein Nummernschild, Bernd, ist jedenfalls sehr interessant: EC 787!«

»Das hat mir noch niemand gesagt, Herr Spörl«, erwidert er.

Ich sage: »Merke dir, Bernd, und auch du, Andreas: Das viel Wichtigere ist das EC. Ihr müßt euch für Jesus entscheiden, ihr müßt entschiedene Christen sein. Dann habt ihr nach Gottes Verheißung ewiges Leben!

Macht's gut!«

»Was habe ich Ihnen denn gegeben?«

An einem sonnigen Maienmorgen bereite ich mich für einen Streifzug für Jesus vor. Ehe ich das Haus verlasse, erinnere ich mich an einen guten Rat meiner lieben Mutter. Immer wenn ich mich nach einem Ferienaufenthalt von ihr verabschiedete, sagte sie: »Helmut, denke immer daran: 'Geh ohn' Gebet und Gotteswort niemals aus deinem Hause fort.'«

So nehme ich auch an diesem Morgen das herrliche Evangelium, das Brot des Lebens, umsonst in Empfang, bete Jesus an, lobe ihn und danke für die Gnade, daß ich immer noch zur Verherrlichung seines Namens für ihn unterwegs sein darf.

Ich verlasse das Haus, da kommt gerade aus dem angrenzenden Wald eine mir bekannte Lehrerin mit ihrer Klasse. Als sie vor mir steht, begrüßt sie mich recht freundlich, erkundigt sich nach meinem Ergehen und sagt dann für mich ganz überraschend: »Und übrigens, Herr Spörl, ich muß mich immer wieder bei Ihnen bedanken für das, was Sie mir gegeben haben.«

»Ich Ihnen gegeben? Was habe ich Ihnen denn gegeben?«

»Ach, es liegt schon viele Jahre zurück. Damals haben Sie in einer Junglehrer-Arbeitsgemeinschaft gesprochen. Ich war auch dabei. Was Sie mir da gegeben haben – ich muß Ihnen immer wieder dafür danken.«

»Was habe ich Ihnen denn gegeben?«

»Sie haben von Jesus gesprochen, von seiner Liebe zu den Kindern. Sie haben mir Jesus gegeben. Ich kann Ihnen nicht genug dafür danken!«

Die Kinder ihrer Klasse sind schon etliche Meter weitergewandert. Frau D. muß sich beeilen, die Mädchen und Jungen einzuholen. Ich verabschiede mich schnell von ihr und segne sie im Namen Jesu.

Sie sagt: »Nochmals vielen Dank, Herr Spörl!«

»Nicht mir – Jesus allein!« wehre ich ab.

Ich bleibe vor meinem Haus stehen, schaue der Klasse mit ihrer Lehrerin nach und bete für sie alle.

»Der Streifzug für deinen Heiland fängt heute aber ganz komisch an«, denke ich. Ich hätte keine Minute früher oder später aus dem Haus kommen dürfen. – Welch eine wunderbare Regie Gottes!

Daniel

Es war ein reich gesegneter Vormittag. Ich bin von meinem Streifzug für Jesus auf dem Heimweg. Die Sonne hat es an diesem Tag nur zu gut gemeint. Die Nachwirkungen meiner schweren Operation lassen mich jetzt etwas schlapp werden.

»Heiland«, bete ich, langsamen Schrittes gehend, »du hast mir heute morgen wieder deine Verheißung gegeben: 'Fürchte dich nicht, ich bin mit dir, ich stärke dich, ich helfe dir.' Nun habe ich hier nur noch das eine Traktat. Wenn du willst, daß es jemand bekommen soll, mußt du mir diese Person in den Weg schicken. Du weißt, daß ich bald nicht mehr kann. Also, mach du es, wie du willst. Amen.«

Ich biege in eine Nebenstraße ein. Außer einem ungefähr achtjährigen Jungen ist niemand zu sehen.

Ich höre es in mir: »Halte dich zu diesem Jungen! Gib ihm dein Blättchen!« Da stehe ich auch schon vor ihm und sage: »Du, da habe ich etwas für dich! Das schenke ich dir! Nimm es deinen Eltern mit! Wenn die es gelesen haben, sollen sie dir davon erzählen! Da steht nämlich etwas von Jesus Christus drin!«

»Danke.«

»Kennst du denn auch den Herrn Jesus?«

»Ja . . .« Es klingt nicht sehr überzeugend.

»Betest du denn zu Jesus? – Weißt du, mit ihm

kannst du sprechen, wie du mit deiner Mutter oder deinem Vater sprichst. Alles kannst du ihm sagen. In meiner früheren Schule war einmal ein Junge in deinem Alter, der betete: ‘Herr Jesus, ich danke dir, daß ich ein schönes weißes Bett habe. Hilf du mir aber auch im Rechnen.‘«

»Ja, manchmal bete ich auch abends im Bett«, erzählt er.

»Nun sag mir auch, wie du heißt.«

»Daniel.«

»Daniel? – Daniel! Hast du einen guten Namen! Kennst du die Geschichte von dem Daniel in der Löwengrube, die in der Bibel steht? Nein? Du kennst sie nicht?«

Der Junge guckt mich mit großen Augen an, als wollte er sagen: »O bitte, erzähl mir mal von diesem Daniel in der Löwengrube!« Und da fängt nun der alte Schulmeister an zu erzählen. Ich bin noch nicht ganz am Ende, da frage ich den Jungen: »Nun sag mir bloß einmal, warum die hungrigen Löwen den Daniel nicht aufgefressen haben.«

»Ja, das wundert mich auch«, antwortet er. »Das weiß ich nicht. Das möchte ich auch gerne mal wissen.«

Ich fahre fort: »Du, der König Darius konnte die ganze Nacht nicht schlafen. Schon früh ging er zur Löwengrube und rief hinein: ‘Daniel, du Knecht des lebendigen Gottes, hat dich dein Gott auch von den Löwen errettet?‘ Und Daniel antwortete – denn er war nicht tot, er lebte –: ‘Mein Gott hat seinen Engel gesandt, der hat den Löwen den Rachen zugehalten!‘ Siehst du, Daniel, dieser andere Daniel war seinem Gott treu, er hat dreimal am Tag gebetet und stand zu seinem Gott. Und in der größten Not stand Gott auch zu Daniel. – Ist das nicht eine wunderbare Geschichte? Bitte deine Eltern, daß sie dir die Geschichte von Daniel in der Löwengrube aus der Bibel vorlesen. Ich nehme an, deine Eltern kennen die Geschichte.«

»Ja, das sage ich meinen Eltern.«

»Du, deine Lehrerin kenne ich auch. Vielleicht solltest du mal deiner ganzen Klasse von Daniel in der Löwengrube erzählen. Merke dir aber noch eines: Du weißt ja, wieviel Furchtbares wir heutzutage erleben. Da steht an einer anderen Stelle in der Bibel: ‘Der Teufel geht umher wie ein brüllender Löwe und sucht, wen er verschlinge.‘ Sei ein tapferer Daniel, und halte dich immer zu Jesus! Mach's gut!«

Er hebt freundlich eine Hand und sagt: »Tschüs!«

Ich aber habe alle meine Schlappheit vergessen und ziehe fröhlich nach Hause.

Die fehlende Gießkanne

Ich gehe sehr gerne durch unseren hiesigen Friedhof; ich nenne ihn Auferstehungsgarten. Wenn ich am Grab meiner heimgegangenen Gertrud stehe, habe ich immer eine lange Unterredung mit meinem Heiland.

Danach führt er mich unter den sehr hohen, alten Bäumen die Wege entlang, und ich komme mir vor wie ein alter Pilger, der heimwärts zieht. Dabei begegnen mir immer wieder Menschen, mit denen ich über Jesus und die Ewigkeit sprechen kann. Gerade an diesem Ort sind die trauernden Herzen besonders empfänglich für Gottes Wort.

Heute ist wieder ein heißer Tag. Die Blumen auf dem Grab meiner Gertrud haben Durst. Ich will ihnen zu trinken geben. Aber die paar grünen Gießkannen, die sonst am Hydranten stehen, sind alle weg. Ich wundere mich darüber, denn es ist schon Mittagszeit, und ich sehe niemanden mehr. Soll ich denn heute keine Gießkanne mehr erwischen?

Da drüben ist eine Frau, unter dem Ahornbaum. Sie hat an einem Grab noch etwas zu tun. Neben ihr sehe ich eine Gießkanne. Ich gehe zu ihr und frage: »Entschuldigen Sie, brauchen Sie diese Kanne noch?«

»Ja, noch einmal voll Wasser.«

Wir gehen beide zum Hydranten, ich trage ihre

schwere Tasche, und mit der gefüllten Gießkanne kehren wir zum Grab zurück.

»Haben Sie vielen Dank! Daß Sie gerade jetzt kommen mußten!« sagt die Frau.

Ich lese den Namen auf dem Grabstein und sage: »Das ist aber ein bekannter Name. Es gibt hier in der Nähe auch einen kleinen Ort mit demselben Namen.«

Sie nickt. »Ja, das stimmt, da kommen alle aus unserer Familie her.«

»Und nun stehen wir an solch einem Grab und müssen uns fragen: 'Woher kommen wir? Wohin gehen wir? Wohin gehst du? Wo bringst du die Ewigkeit zu?'«

Die Frau schaut mich eine Weile lang nachdenklich an, sagt kein Wort. Es ist nur eine kleine Unterredung. Aber ich habe den Eindruck, daß es in ihrem Inneren arbeitet. –

»Jetzt hast du auch eine Gießkanne und kannst deine Blumen begießen«, denke ich.

Ich stehe am Hydranten und will gerade die Kanne füllen. In diesem Augenblick ruft aus der entgegengesetzten Richtung eine andere Frau: »Kann ich die Gießkanne haben?«

Wieder müssen meine Blumen warten. Ich fülle die Kanne und schleppe sie zu der Frau.

»Oh, wie lieb von Ihnen! Da brauche ich mich nicht abzumühen.«

Ich betrachte das Grab. »Herrlich – die Blumen hier! Ja, die haben alle Durst! Wie die Menschen auch.«

»Da haben Sie wirklich recht!«

Ich frage: »Und mit was stillen die Menschen ihren Durst? – Hier, ich möchte Ihnen etwas schenken. Das stillt den Hunger und den Durst! Im Namen Jesu segne ich Sie!«

Sie nimmt das Traktat entgegen. »Wie danke ich Ihnen.«

Nun kann ich zum Grab meiner Gertrud gehen, und auch die Blumen dort dürfen jetzt trinken.

Meine Gertrud würde wohl jetzt sagen: »Siehst du, Helmut, die fehlende Gießkanne hatte es doch in sich!«

Der Gärtnermeister

In einer Nebenstraße steht ein schönes, kleines Hotel. Vielleicht hat es sich im Laufe der Zeit unter den Gästen – meistens Kaufleute – herumgesprochen, daß man hier, abseits vom regen Straßenverkehr, recht gut ausruhen kann.

Fast täglich gehe ich an diesem Gebäude vorbei. Schon lange sehe ich den ungepflegten Vorgarten, der mir und vielen anderen nicht gefällt.

Als ich aber heute bei meinem Streifzug für Jesus an dem kleinen Hotel vorbeikomme, sehe ich zu meinem Erstaunen einen Gärtnermeister mit seinen beiden Gehilfen, die eifrig an der Arbeit sind.

»Oh, wie gut! Jetzt wird es aber was geben!« rufe ich erfreut.

Schon stehe ich neben dem Gärtnermeister, der gerade die schöne Hecke beschneidet.

»Dieses Beschneiden ist doch sehr wichtig, nicht wahr?« frage ich.

»Klar«, antwortet er. »Was meinen Sie, was aus der Hecke würde, wenn man sie nicht beschneiden würde – ein unansehnliches Gestrüpp! Und das vor solch einem schönen Hotel mit den vielen Gästen!«

»Nun, Sie sind ja Gärtnermeister und machen Ihre Arbeit vorbildlich. Wenn ich das alles hier so ansehe! Ich freue mich jedenfalls darüber. Aber wissen Sie, ich kenne noch einen Gärtner, der in allem ein ausgezeichneter Meister ist, besonders im Beschneiden.«

Er fragt: »Ja? – Wen denn?«

»Vielleicht kennen Sie ihn sogar. Er heißt Jesus Christus!«

Der Mann stutzt, hält in seiner Arbeit plötzlich inne und schaut mich groß an, als wollte er sagen: »Ach, so ist das gemeint.«

Ich fahre fort: »Ja, Jesus ist der beste Gärtner, den es auf der Welt gibt; er ist ein Meister in der Kunst des Beschneidens der Menschenherzen. Sie wissen ja selbst, wieviel oft bei den kleinen und großen Pflanzen abgeschnitten, gesäubert werden muß. Denken Sie an die Weinberge. Wie wichtig ist da das Beschneiden, damit viel Frucht kommt. Unser himmlischer Gärtner beschneidet Sie und mich. Das tut oft weh! Aber er hat nur das Beste mit uns vor. Wie Sie ja auch mit Ihrem Beschneiden.«

»Das ist ja wirklich sehr interessant!« sagt er.

»Jetzt will ich Sie aber nicht länger aufhalten. Denken Sie als Gärtnermeister immer an Ihren Chef, den himmlischen Gärtner. Von dem können auch Sie noch viel lernen. Im Namen Jesu segne ich Sie und die anderen hier auch!«

Ich gehe, drehe mich aber nochmals um und rufe dem Gärtnermeister zu: »Wenn ich demnächst wieder hier vorbeikomme, denke ich auch an Sie und Ihre sehr gut gelungene Arbeit! Alles Gute! Mein Traktat haben Sie ja!«

Er dankt und lacht und winkt mir nach.

Ich bete: »Herr Jesus, schenk Gnade, daß ich diesen Gärtnermeister bei dir einst in der Ewigkeit wiedersehe!«

Die Christrose

»Sie kennen mich doch!« ruft mir eine Frau auf dem Friedhof zu. Sie hält eine Pflanze in der Hand.

»Natürlich kenne ich Sie!« antworte ich. »Das Gesicht ist mir bekannt, nur auf Ihren Namen komme ich im Moment nicht.«

»Ich bin Frau F. – Sagen Sie, Herr Spörl, ist das hier nicht der Ableger einer Christrose?«

»Ja, Frau F., es ist eine Christrose. Die Menschen sind oft so schnell entschlossen, etwas sehr Schönes wegzuwerfen. Die Christrose heißt eigentlich Nieswurz und hat einen giftigen Wurzelstock. Aber im Winter, zur Weihnachtszeit, hat diese Pflanze rötlich-weiße Blüten. Daher auch der Name Christrose.«

»Gut, daß Sie mir das sagen. Ich freue mich über diesen wertvollen Ableger und nehme ihn mit nach Hause. Mal sehen, was daraus wird. –

Aber sagen Sie, Herr Spörl, kannten Sie eigentlich den Lehrer H.?«

Ich nicke. »Und ob ich den gekannt habe. Wie Sie wissen, war er ein überzeugter Nazi und kam nach dem Krieg nicht mehr in die Waldschule, die ich im Dezember 1945 übernehmen mußte.«

»Ich habe die Familie H. gut gekannt. Frau H. war meine Freundin.«

»Nun, dann wissen Sie ja mehr über mich, als manche andere Frau. Ich will Ihnen etwas erzählen. Ich mußte Sommer wie Winter mittags nach dem Schuldienst eine Stunde zu Fuß bis zur nächsten Straßenbahn in B. gehen, um nach Hause zu kommen. An einem herrlichen Wintertag ging ich den einsamen Weg entlang und schrieb mit meinem Stock in den hellglänzenden Schnee: 'Jesus ist Sieger und lebt!' Am nächsten Tag stand darunter: 'Heil Hitler!' Das konnte nur mein Vorgänger, Herr H. gewesen sein, der in der Waldschule noch in der Dienstwohnung untergebracht war.

In dieser Zeit fand hier am Ort eine Evangelisation statt. Eines ist bis heute in meinem Inneren hängengeblieben. Da sagte der Prediger: 'Wenn du meinst, du hast nur fünf Prozent Schuld, der andere aber 95 Prozent, so kümmere dich um deine fünf Prozent und bringe die in Ordnung. Schau nicht auf die 95 Prozent deines Nächsten.'

Sehen Sie, Frau F., ich habe damals meine fünf Prozent in Ordnung gebracht. Ich bin bei Bekannten und Verwandten gewesen, auch bei meinem älteren Kollegen, Herrn H. Wir sind später gute Freunde geworden.

Warum erzähle ich Ihnen das alles? Ihre Christrose, die Sie in der Hand halten, hat einen giftigen Wurzelstock. Wir Menschen haben in uns alle solch einen giftigen Wurzelstock. Gottes Wort sagt, daß das menschliche Herz von Jugend auf böse ist. An einer anderen Stelle der Bibel heißt es aber auch: 'Und wenn unsere Sünde so rot wie Blut ist, soll sie doch schneeweiß werden.'

Die herrliche Christrose mit ihren weiß-roten

Blüten in der kalten Winterszeit erinnert mich immer wieder an das Blut Jesu und an das reine, in der Sonne glitzernde Weiß des Schnees. Ist es nicht sonderbar, daß solch eine Christrose ihren ganzen Liebreiz zeigt, wenn es draußen kalt ist und die Nächte so lange dunkel sind? Vielleicht zeigen uns die Menschen, die ein Ebenbild Gottes sind, erst in Not, Leid und Trübsal ihr wahres Angesicht.«

Sie drückt mir die Hand. »Herr Spörl, wie schön, daß Sie mir das erzählt haben! Das war ja sicher nicht von ungefähr, daß wir uns nach so langer Zeit hier auf dem Friedhof getroffen haben. – Nun zeigen Sie mir noch das Grab Ihrer Gertrud, die ich ja von Kindesbeinen an gut gekannt habe.«

Als wir beide davorstehen, liest Frau F. den Spruch oben am Grabstein: »Jesus lebt! – Mit ihm auch ich!«

»Sehen Sie, Frau F.«, sage ich, »meine Gertrud ist in der Herrlichkeit bei Jesus. Und wenn ich jetzt tot umfalle, bin ich auch bei ihm und bei meiner Gertrud – meiner Christrose!«

Ein Gotteswort im Schmutz

Die Kinder warten täglich auf Schnee, aber der kommt nicht. Es ist ein recht kalter Wintertag, der Frost läßt alles erstarren. Trotzdem ziehe ich heute los, in der Gewißheit, daß Jesus mich auch bei diesem Wetter gebraucht und etwas tut. Meine Streifzüge für ihn stehen unter seiner Führung, und als sein kleiner, schwacher Handlanger bekomme ich immer wieder von ihm die nötige Kraft. An diesem Tag läßt er mich etwas Wunderbares erleben. Alle meine Traktate habe ich unter Gebet verteilt. Auf dem Friedhof hat mir Jesus trotz des kalten Wetters ein paar Leute in den Weg geschickt, die dankbar das Brot des Lebens annehmen. Auch in der Kirchgasse treffe ich einzelne Personen, die mich nicht abweisen.

Ich biege in eine Nebenstraße ein und komme am evangelischen Pfarramt vorbei. Der große Garten davon wird von einem mächtigen Maschendraht abgegrenzt.

Aber was sehe ich da? Hinter dem Draht liegt eines meiner Traktate: »Jesus lebt! Er ist wahrhaftig auferstanden!«

Es ist das erste Mal, daß ich ein von mir verteiltes Gotteswort im Schmutz wiederfinde.

Da sagt mir eine innere Stimme: »Hol es heraus!«

Nun, ich habe zwar ein gewisses Fingerspitzengefühl in der Heilpädagogik für lernbehinderte Kinder, aber hier . . .

»Hol es heraus!« kommt wieder der Befehl.

Mit zwei steifen Fingern fasse ich durch den Maschendraht und erreiche tatsächlich das von Frost und Schmutz bedeckte Traktat. Jesus, mein Heiland, läßt es mir gelingen, dieses im Eis erstarrte Blättchen durch den Draht zu ziehen.

Endlich habe ich es, kann es mit einem Taschentuch fein säubern und fühle mich so glücklich wie eine Mutter, die ein Neugeborenes zur Welt gebracht hat. Voller Dank und Fröhlichkeit bete ich: »Heiland, ich durfte dich – denn du bist ja das Wort Gottes – durch den Maschendraht ziehen. Nun habe ich dich in meiner warmen Manteltasche. Was jetzt? Wenn du noch bei jemandem einkehren willst, dann mach du das.«

Die Straße ist menschenleer. Um in meine Siedlung zu kommen, muß ich den breiten Sonnenweg überqueren. Von dort oben sehe ich eine Frau heruntergehen. Jetzt ist die Entfernung nicht mehr so weit. Ich erkenne eine Ausländerin.

»Schnell, halte dich zu ihr!« höre ich es in mir. »Dieses wiedergefundene, schmutzige, im Eis erstarrte Traktat ist für sie!«

Und ich laufe! Unsere Wege kreuzen sich.

Ich frage sie: »Sprechen Sie deutsch? Do you speak english? Parlez vous français?«

Auf ihrer Stirn sehe ich einen roten Punkt – aha, eine Inderin. Sie zuckt mit den Achseln.

Ich gebe das fein gesäuberte Traktat und sage: »Das ist von Jesus Christus!«

Als die hübsche, schwarzhaarige Frau diesen Namen hört, greift sie schnell zu und lacht. Ein

Leuchten geht über ihr Gesicht, und sie sagt: »Danke! Danke! Vielen Dank!«

»Im Namen Jesu Christi segne ich Sie!«

»Danke – Danke!«

Sie zieht fröhlich den Sonnenweg hinunter. Ich bete: »Ach, Heiland, nun gib ihr einen Dolmetscher, der ihr alles in ihre Sprache übersetzt, dazu den himmlischen Dolmetscher, deinen Heiligen Geist.«

Auch ich gehe fröhlich heim. Ich bin überzeugt, daß das verschmutzte, vom Eis bedeckte Traktat seinen Siegeszug angetreten hat. Die Ewigkeit wird es einmal offenbaren. – Die Person, die mit Ablehnung mein Traktat durch den Maschenzaun in den Schmutz geworfen hat, hat nicht geahnt, daß Jesus dafür sorgt, daß es dort wieder herauskommt und einer Inderin zum Segen wird. Und wer weiß! Vielleicht nicht nur ihr, sondern noch vielen anderen! Das war kein Zufall! Mir aber ist aufs neue seine große Güte zugefallen.

»Die sind beschlagnahmt!«

Der Hagener Hauptbahnhof mit seiner weiten, hohen Eingangshalle hat es mir angetan. Auf der einen Seite sind die Fahrkartenausgabestellen, gegenüber mehrere kleine Läden, ganz hinten die Wartesäle. Welch ein Betrieb herrscht hier! Es ist ein Kommen und Gehen, Lachen und Weinen, Hin und Her. Mittendrin stehe ich mit meinem großen Stoß von Traktaten.

»Helmut, habe hellen Mut!« hat meine liebe Mutter mir früher immer gesagt. »Diesen hellen Mut, Jesus, brauche ich jetzt«, bete ich. Und schon bin ich mitten in dem Menschenstrom. Viele nehmen die frohmachende Botschaft von mir an, und ich freue mich, daß Gottes Wort verbreitet wird. Plötzlich, ganz unerwartet, habe ich einen Polizisten links neben mir, und ein anderer an meiner rechten Seite hat mir meinen großen Stoß Traktate aus der Hand gerissen. Er sagt im Befehlston: »Die sind beschlagnahmt! Die kriegen Sie nicht wieder!«

»Das wollen wir doch mal sehen!« antworte ich. »Was machen Sie denn mit meinen Traktaten?«

»Die sind beschlagnahmt. Die bringen wir jetzt sofort dort drüben zur Polizeiwache!«

»Na, dann mal los! Beschlagnahmen Sie mich aber auch gleich! Ich will mit zu Ihrer Wache!«

Dort angekommen, verschwinden die beiden Polizisten im Zimmer eines Polizeioffiziers. Ich warte im Vorzimmer und bete: »Herr Jesus, mach du das jetzt alles! Gib mir meine Traktate wieder!«

Endlich darf ich eintreten. Auf einem Tisch liegen meine Traktate. Aber was sehe ich hinter dem Offizier an der Wand? Da hängt der Neukirchner Abreißkalender, den ich schon von Kindesbeinen an kenne! Es kommt eine große Freude über mich.

»Was haben Sie denn in der Bahnhofshalle verteilt?« fragt mich der Offizier.

»Ich habe die frohmachende Botschaft von Jesus Christus, dem Gekreuzigten und Auferstandenen verteilt. Und wie ich an Ihrer Wand sehe, lesen auch Sie das herrliche Evangelium vom Sünderheiland. Er hat mir das Leben gerettet, und nun darf ich für ihn etwas tun.«

Der Offizier lächelt und sagt: »Die beiden Polizisten sind vielleicht etwas unfreundlich gegen Sie vorgegangen, aber sie haben richtig gehandelt. Merken Sie sich: Die Bahnhofshalle gehört der Bundesbahn. Die kann es verbieten – wie ein Privateigentümer –, daß auf ihrem Gelände christliche Traktate verteilt werden. Draußen vor der Halle – und wenn Sie nur einen Meter davor stehen – können Sie verteilen, soviel Sie wollen.«

Er hält sie mir entgegen. »Hier, nehmen Sie sie alle wieder mit! Verteilen Sie! Bringen Sie Jesus unter die Menschen!«

Ich verlasse die Polizeiwache und sage: »Herr Jesus, was hast du doch für eine wunderbare Regie! Nun segne mich draußen vor der Bahnhofshalle!« Und er tut es!

»Am Dreizehnten? Hoffentlich geht das gut!«

Der Teufel mit seinen Konsorten klatscht Beifall, wenn in unserem christlichen Abendland unter den sogenannten Christen der Aberglaube bis in die Ministerien hinein in vollster Blüte steht.

Mein Kollege R., ein angesehener Presbyter seiner Kirche, fährt lustig mit seinem Talisman im Auto durch die Gegend und klopft bei jeder Gelegenheit dreimal auf den Tisch, um sein gewünschtes Glück zu bekräftigen. Mein Konrektor sagt eines Tages zu mir: »Ach, Herr Spörl, Sie dürfen das, was in der Bibel steht, nicht alles so wörtlich nehmen!« Das sind Menschen mit religiösem, christlichem Anstrich!

Ein recht freundlicher Nachbar, der es in den letzten Jahren gesundheitlich sehr schwer hatte, hat von mir das Evangelium gehört. Ihm und seiner Frau durfte ich so manches Traktat geben. Beide freuten sich immer und nahmen die Blättchen dankbar an.

Eines Tages geht Frau V. vor mir durch die Siedlung. Ich gehe etwas schneller und habe sie bald eingeholt.

»Ach, Herr Spörl«, sagt sie, heute morgen hat man meinen Mann wieder ins Krankenhaus gebracht. Er muß operiert werden, am Unterleib. Ich fahre jetzt zu ihm.«

»Grüßen Sie Ihren Mann herzlich von mir, und sagen Sie ihm, daß ich für ihn bete!«

Nach einigen Wochen kehrt Herr V. gesund zurück. Vor seinem Haus steht er auf einer Leiter und repariert etwas.

»Nanu! Ist denn das die Möglichkeit?« rufe ich erstaunt.

Er steigt herab, kommt freudestrahlend zu mir an den Zaun und sagt: »Es ist nochmals gutgegangen!« Und ehe er mir die Hand gibt, klopft er dreimal mit dem Finger auf seinen Jägerzaun und sagt: »Toi, toi, toi!«

»Herr V., diesen Teufelsmist lassen Sie lieber sein! Sie wollen doch nicht, daß der Satan über Sie herrscht!«

Er guckt mich groß an, als wollte er sagen: »Das sagen doch alle!«

Dann fragt er: »Das soll ich nicht tun, Herr Spörl? Nein? Das darf ich nicht tun, Herr Spörl?«

»Nein, und abermals nein! Sie kommen mit diesem Blödsinn mehr und mehr in den Bann des Teufels!«

Herr V. hat meine Warnung angenommen. –

Kürzlich sagt eine Bekannte zu mir: ». . . und heute – stell dir das vor, heute am Freitag, an einem Dreizehnten, wollen wir zu Roland fahren! Hoffentlich geht das gut!«

Ich erwidere: »Du glaubst doch wohl nicht an diesen teuflischen Blödsinn? Fahrt im Namen Jesu! Ich bete für euch!«

Auch sie ist eine sogenannte Christin. Ich könnte noch viele Beispiele nennen. Martin Luther dagegen heiratete am Dreizehnten – am 13. Juni 1525 führte er seine Katharina zum Altar.

»Nein, dem Teufel diesen Gefallen tun und auch der Meinung sein, der Dreizehnte könnte mir Unglück bringen – gerade nicht und nochmals nein!« So dachte Martin Luther. Er ließ dem Teufel nicht den geringsten Raum. Daran sollen wir Christen uns ein Beispiel nehmen!

»Die sind ja leider nicht echt!«

Obwohl die Naturheilpraxis von vielen Patienten hier am Ort aufgesucht wird, bin ich um die Mittagszeit mit der mir bekannten, etwas älteren Arzthelferin allein im Warteraum. Ihre Chefin hat nebenan noch eine Person zu betreuen.

»Oh, Frau B., haben Sie in der Praxis eine neue Topfblume bekommen? Das ist ja ein Prachtexemplar! Wunderbare Farben! Ich liebe Blumen sehr.«

»Ach, Herr Spörl, das ist eine Hibiskus-Topfblume, aber leider ist sie nicht echt«, antwortet sie.

»Schade, sehr schade! So kann man sich täuschen. Aber Frau B., da fällt mir etwas ein. So ist es auch bei den Christen. Es gibt die echten, wahren Christusleute und die unechten Christen, Namenschristen, sogenannte Christen.

Die echten Christen haben Leben in sich, die unechten haben einen Schein der Gottseligkeit, sind aber tot.

Die echten Christen atmen, es vollzieht sich ein wunderbarer Prozeß in ihnen, weil sie ein Werk Gottes sind.

Bei den unechten Christen regt sich nichts, sie sind religiös mit frommem Anstrich.

Die echten Christen, die wahren Jüngerinnen und Jünger Jesu, sind duftende Blumen.

Die unechten? Ich brauche es Ihnen, liebe Frau

B., wohl nicht zu unterstreichen; da ist nichts von einem herrlichen Aroma.

Echte Blumen schauen immer zum Licht. Echte Christen tun dasselbe. Sie brauchen das Licht.

Sehen Sie sich die unechte Blume an. Sie braucht kein Essen und Trinken, braucht nicht gepflegt und beschnitten zu werden.

Echte Blumen, echte Christen brauchen täglich Speise und Trank. Jesus sagt: 'Ich bin das Brot des Lebens.' Er ist auch das lebenspendende Wasser. Und das Beschneiden gehört einfach dazu, wenn es auch oft weh tut. Aber das schadet der Echtheit niemals.

Liebe Frau B., die unechten Blumen, so fein sie auch zurechtgemacht sind, die Namenschristen, sind eine Ausstellung des großen Affen Gottes, des Satans.

Die echten Blumen, wenn ihre Zeit um ist, verwelken eines Tages, sterben. Die unechten wirft man eines Tages ins Feuer.

Liebe Frau B., die echten wie die unechten Blumen sind eines Tages nicht mehr da.

Wie die echten Blumen immer zum Licht wollen, so auch die echten Christen, wenn sie sterben.

Und die unechten? Sie brauchen kein Licht; die sogenannten Christen scheuen das Licht, sie bleiben ewig in der Finsternis.«

»Ach, Herr Spörl, diese Unterhaltung werde ich in meinem ganzen Leben nie mehr vergessen.«

»Merken Sie sich das gut, Frau B., die unechten Blumen lassen in unserer Erinnerung nur eine

Spur des Staubes und der Starre zurück. Die echten Blumen dagegen hinterlassen eine Spur des Duftes und des Lichtes.«

»Also, ich muß schon sagen, das war auch nicht von ungefähr, daß wir so allein hier im Warteraum miteinander sprechen konnten.«

»Nein, Frau B., für mich gibt es keine Zufälle. Denken Sie immer daran: Das Echte lebt! Das Unechte ist tot!«

Der Bösewicht

Bevor ich ein halbes Jahr zur Sanitätsschule versetzt wurde, mußte ich meine sechsmonatige Rekrutenzeit bei einer schweren Maschinengewehrkompanie hinter mich bringen. Hier hatten wir 75 Pferde, und die mußten zusätzlich zu all dem anderen harten Dienst, einwandfrei geputzt, gepflegt und betreut werden. Ein Tier war dabei, das war der Schrecken der Kompanie. Jeder Rekrut hatte Angst, in diese Box hineingehen zu müssen. Sie war die letzte von vielen und schloß rechts von dem Pferd mit der Stallwand ab. Man hatte diesen Platz absichtlich für das böse Tier gewählt. Es schlug jeden, der hereinkam, mit dem rechten Hinterlauf, biß und versuchte jeden an die Wand zu drücken. Um rechtzeitig eingreifen zu können, standen die Vorgesetzten auf dem Gang, amüsierten sich aber über jeden ängstlichen Rekruten.

Eines Tages heißt es auch für mich: »Nun, Spörl, hinein!«

Gespannt beobachten sie mich, der Oberleutnant, der Feldwebel, der Unteroffizier, der Gefreite.

Ich habe den Striegel in meiner rechten Hand und denke an die Zusage in der Bibel: »Fürchte dich nicht, ich bin mit dir, ich stärke dich, ich helfe dir . . .«

Dann gebe ich dem Bösewicht als Willkommensgruß einen heftigen Schlag auf das Hinterteil. Schon stehe ich zwischen Wand und Pferd. Scheint es Bescheid zu wissen? Weit gefehlt! Ich striegle das schöne Fell, und beinahe hätten die Zähne dieses Widersachers meine Hand erwischt. Doch blitzartig folgt mein Striegel dieser Böswilligkeit. Ich habe eine Atempause und kann Striegel auf Striegel vor der Box ausklopfen, die genau gezählt werden. Ich putze weiter. Der Bösewicht will mich an die Wand drücken. Doch ehe es ihm gelingt, mich zu zerquetschen, bin ich mit meinem Striegel schneller.

Ich putze und putze, das Tier steht. Die Vorgesetzten sind zufrieden. Aber dieses kluge, böswillige Tier will mir zum Abschluß noch einen Schlag mit dem rechten Hinterbein versetzen. Das weiß ich.

»So, Spörl, gut so, Schluß jetzt, raus!«

Mein Bösewicht erhält noch einen tüchtigen Abschiedsgruß auf das Hinterteil, und draußen bin ich.

Als wollten mich meine Vorgesetzten nochmals einer Prüfung unterziehen, stecken sie mich einige Tage später in einen großen Käfig, in dem sich das edle Pferd des Hauptmanns befindet. Es ist ein sehr eigensinniges Tier. Ich werde eingeschlossen, draußen stehen die anderen. Wie werde ich wohl dieses Mal fertig werden?

Was sagt Gottes Wort? »Fürchte dich nicht, ich bin mit dir, ich stärke dich, ich helfe dir . . .«

Mir ist, als wenn eine Stimme sagte: »Zeige keinerlei Angst, sei furchtlos! Ich bin bei dir!«

Das Tier tänzelt erst etwas herum, aber dann habe ich es voll im Griff. Es folgt mir, läßt sich putzen, und es ist mit mir und ich bin mit ihm zufrieden.

Die Vorgesetzten schließen den Käfig auf, sagen kein Wort – der Dompteur darf auf seine Bude gehen.

Ich habe das Erlebnis mit dem bösen Pferd nie vergessen. Noch heute, nach 56 Jahren, sehe ich die Bilder vor mir. Gleichzeitig mahnt mich das Erlebte aber an einen viel schlimmeren Bösewicht; den Teufel, der noch bösartiger schlägt, beißt und zerquetschen will.

Doch Gott weiß besser als wir um die Machenschaften dieses Bösewichtes. Der Herr gibt uns durch sein Wort klare Anweisungen, mit diesem Widersacher fertig zu werden.

Sein Wort sagt in 1. Petrus 5, 8–9: »Seid nüchtern und wacht; denn euer Widersacher, der Teufel, geht umher wie ein brüllender Löwe und sucht, wen er verschlinge. Dem widersteht, fest im Glauben . . .«

In 2. Timotheus 1, Vers 7 steht: »Denn Gott hat uns nicht gegeben den Geist der Furcht, sondern der Kraft . . .«

Und in Epheser 6, 16–17 heißt es: »Vor allen Dingen aber ergreift den Schild des Glaubens, mit dem ihr auslöschen könnt alle feurigen Pfeile des Bösen, und nehmt den Helm des Heils und das Schwert des Geistes, welches ist das Wort Gottes.«

Und in der Not ruft unser himmlischer Vater uns

zu: »Fürchte dich nicht, ich bin mit dir, ich stärke dich, ich helfe dir . . .« (Jes. 41, 10).

Jesus ist Sieger und lebt!

»Ist ja nur ein Dorn!«

In meinem tätigen Ruhestand bin ich so ziemlich jeden Tag unterwegs auf meinen Streifzügen für Jesus. Mein Weg führt mich meistens zum Grab meiner heimgegangenen Gertrud, wo ich mit meinem himmlischen Vater spreche. Danach erlebe ich oft auf wunderbare Weise die Regie des Heiligen Geistes. Er läßt mich mit Menschen zusammentreffen, die ich noch nie gesehen habe, mit denen ich ein gesegnetes Gespräch führen darf. Ein anderes Mal treffe ich Einheimische oder ehemalige Schüler und Schülerinnen mit ihren Kindern, die mich noch von der Schule her kennen. Sie freuen sich, ihren alten Lehrer wiederzusehen, der ihnen soviel von Jesus erzählt hat.

Ohne aufdringlich zu werden spüre ich, wie Gott auf dem Friedhof immer wieder eine Evangelisation von Person zu Person lenkt.

Eines Tages komme ich den Weg unter den schönen, alten Bäumen entlang und höre, wie nicht weit von mir eine ältere Frau weint und stöhnt: »Ach, Herr, Gott, was denn nun! Das schmerzt ja so sehr!«

Als ich sie erreicht habe, sehe ich, daß die Finger der einen Hand voll Blut sind. Es blutet und blutet! Die Tropfen fallen auf das Grab, auf die Blumen. Ich helfe ihr und verbinde die verwundete Hand mit einem Tuch. Nun wird sie ruhig und sagt: »Ist ja nicht so schlimm! Ist ja nur ein Dorn!«

Als ich das höre, vernehme ich im selben Augenblick in meinem Inneren das Wort »Dornenkrone«.

Ich sage zu der Frau: »Wissen Sie, wenn ich Ihre blutende Hand sehe und höre, daß Sie sagen: 'Ist ja nur ein Dorn', muß ich an Jesus Christus mit seiner Dornenkrone denken. Wie mag da das Blut geflossen sein! Vielleicht kennen Sie das Lied 'O Haupt voll Blut und Wunden.'«

Die Frau starrt mich an und schweigt. Sie hält die verbundene Hand an ihre Brust.

Ich fahre fort: »Und das ist noch lange nicht alles! An den Händen und Füßen ist er festgenagelt. Man hat ihm die rechte Seite mit einer Lanze aufgerissen, so daß Blut und Wasser herausflossen.«

Die Frau starrt mich weiter an und schweigt, als wollte sie sagen: »Sprechen Sie weiter!«

Ich sage: »Und das ist noch nicht alles! Vorher war er auf einer Richtstätte. Man hat ihn ins Gesicht geschlagen, angespuckt, gegeißelt. Da hing dann am Kreuz nur noch ein Skelett mit ausgebluteten Fleisch- und Hautfetzen, so daß die Herumstehenden ihr Gesicht wegdrehten. Und das alles hat Jesus, Gottes Sohn, für Sie, für mich, für uns alle getan, aus unbeschreiblicher Liebe!«

Als wäre diese Frau aus einem tiefen, schweren Traum erwacht, sagt sie schließlich freundlich zu mir: »Wie danke ich Ihnen! Das hier ist ja nur ein Dorn!«

»Im Namen Jesu segne ich Sie! Dem Herrn befohlen!«

»Wie danke ich Ihnen!«

»Nicht mir! Jesus allein!«

»Kennst du mich nicht?«

Ich verlasse das Büro eines Rechtsanwaltes in meiner Heimatstadt Plauen im Vogtland. Gemächlich und zufrieden gehe ich die Treppe hinunter. Vom Erdgeschoß herkommend, steht plötzlich eine junge Frau vor mir, sieht mich kurz an und sagt: »Ja, was ist denn das? Woher kommst du denn?«

Ich erwidere: »Entschuldigen Sie, ich kenne Sie nicht. Sie haben mich bestimmt verwechselt. Lassen Sie mich bitte vorbei!«

Sie steigt eine Treppenstufe höher. »Kennst du mich nicht? Du kennst mich wirklich nicht? Sieh mich mal genau an!«

»Ich weiß nicht, wer Sie sind, Sie haben sich bestimmt getäuscht!«

»Nun ist es aber gut! Kennst du deine Cousine Marianne Spörl nicht?«

Wir schauen uns beide eine Weile schweigend in die Augen.

Als der Name Spörl gefallen ist, sind Bilder der Vergangenheit in mir aufgetaucht. Tanten und Onkel, Basen und Vettern sehe ich plötzlich im Geiste vor mir, darunter auch Marianne. Ich habe sie jahrelang nicht gesehen. Sie hat in der Ostzone gewohnt, ich in Westdeutschland.

Dieses Erlebnis mit Marianne hat mich immer wieder beschäftigt und mich zu zwei Bibelstellen geführt.

Da heißt es Johannes 1, Vers 31 und Vers 33: »Und ich kannte ihn nicht.«

Erst als der Geist Gottes Johannes dem Täufer die Augen öffnet, sagt er: »Und ich habe es gesehen und bezeugt: Dieser ist Gottes Sohn« (Vers 34).

Von dem Nicht-Erkennen kommt es zu einem Bekennen.

Es gibt Millionen sogenannter Namenschristen. Sie sind getauft, konfirmiert, haben die Kommunion hinter sich, sind gute oder nicht so gute Evangelische, Katholiken oder Freikirchler, aber – sie kennen ihn nicht, sie haben Jesus nicht und können und wollen ihn auch nicht bekennen.

Wenn jemand Jesus, das Lamm Gottes, erkannt hat – wie Johannes der Täufer –, muß er ihn bekennen, er muß aktiv sein. Ja, er muß!

Die zweite Bibelstelle steht in Johannes 20, 11–18.

Da steht Maria Magdalena, von der Jesus sieben Teufel ausgetrieben hat, vor dem offenen Grab und weint. Solange sie in das Grab guckt (Vers 11), weint und klagt sie.

So sind viele Menschen zu allen Zeiten gewesen und sind es noch: Weinende, Klagende. Solange sie in ihre Not, in ihre Dunkelkammer hineinstarren, klagen, weinen, murren und stöhnen sie.

Maria Magdalena kennt Jesus, aber sie kennt nicht den Auferstandenen. »Ich weiß nicht, wo sie ihn hingelegt haben«, antwortet sie den beiden Engeln.

Auch heute kennen viele Jesus, den Gekreuzigten, haben von ihm gehört, kennen ihn als historischen Jesus. Aber den Auferstandenen kennen sie nicht. Und viele Theologen und Freidenker bezeichnen die Auferstehung Jesu als eine jüdische Legende!

Bei Maria Magdalena aber kommt nun das Entscheidende. Sie wendet sich zurück, dreht sich um 180 Grad. Sie sieht eine Gestalt, meint, es sei der Gärtner. Ihre Sorge bringt sie auch ihm.

Erst als Jesus ihren Namen nennt, erkennt sie den Auferstandenen. Sie als begnadigte Sünderin darf nun als erste die Auferstehungsbotschaft in die Welt hineintragen und ihn bekennen.

Das möchte ich jedem Menschen sagen, der in eine Grabeskammer hineinblickt und klagt: »Ich weiß nicht, warum das alles mir passieren muß!« Mach eine Kehrtwendung! Jesus, der Auferstandene, steht hinter dir. Er schaut auch in dein trauriges Herz und ruft dich bei deinem Namen. Dann kannst du froh bekennen: »Ich kannte ihn nicht! Doch als er mich bei meinem Namen rief, erkannte ich ihn.« Dann macht er auch alles andere neu!

Ein Mann namens »Bete«

Als ich ihn zum ersten Mal traf, machte er einen fast mürrischen Eindruck. Trotzdem nahm er mein Traktat an.

»Hören Sie mal, ich bin ein pensionierter Forstbeamter. Von Kindesbeinen an war ich aktiv in meinem Wald. Ich beobachtete das Kommen und Gehen in der Natur, habe auch viele Menschen sterben sehen, aber ich habe bis heute nicht erlebt, daß einer vom Tod ins Leben zurückgekommen ist. Sie etwa?«

»Ja! Und ich habe dafür sogar Beweise.«

Er bleibt stehen und sieht mich fragend an: »Wer denn?«

»Jesus Christus! – Wenn Sie vor einem Gericht eine Aussage bekräftigen wollen, müssen Sie mindestens zwei Zeugen haben. Daß Jesus Christus vom Tode auferstanden ist, bestätigen aber laut der Heiligen Schrift, dem Buch Gottes, mindestens 514 Zeugen. Sie haben Jesus nach seiner Auferstehung gesehen. Sie können das in der Bibel nachforschen.«

Mein Gegenüber schweigt. Er schaut mich nachdenklich an und verabschiedet sich schnell. Wie er so dahinschreitet, bete ich für ihn.

In der Folgezeit treffe ich meinen Förster immer wieder. Er wird freundlicher, wartet geradezu auf mein Traktat. Doch es kommt zu keinem Gespräch.

»Herr Jesus, alles Weitere mit diesem Mann mußt du machen!« sage ich.

Eines Tages ist es dann soweit. Der pensionierte Forstbeamte und der pensionierte Sonderschulrektor Spörl müssen miteinander den gleichen Weg gehen.

Ich sage: »Nun kenne ich Sie schon eine geraume Zeit. Entschuldigen Sie, darf ich Sie einmal nach Ihrem Namen fragen?«

»Bete – Gustav Bete!«

»Bete? – Habe ich richtig gehört, Bete? Wie Beten? – Bete!«

Er buchstabiert: »B – e – t – e !«

»Ja, Herr Bete, was haben Sie doch für einen wunderbaren Namen! Gustav Bete! Der sagt doch eigentlich jeden Tag zu Ihnen: 'Gustav! Bete!'«

Er lacht: »Da haben Sie recht! 'Gustav! Bete!'«

Ich frage: »Herr Bete, wie würden Sie sich einer Person gegenüber verhalten, die Ihnen das Leben gerettet hat? Angenommen, Sie wären in einen Sumpf geraten, einen Morast und Schlamm. Sie können sich selbst nicht mehr helfen, Sie sinken immer tiefer in dieses Moor. Da hört einer Ihr Schreien, und es gelingt ihm, Sie vor dem sicheren Tod zu retten. Er hat Ihnen das Leben gerettet. Wie würden Sie sich, Herr Bete, diesem Mann gegenüber verhalten?«

»Nun, ich würde mich vielmals bei ihm bedanken und würde mein ganzes Leben mit diesem Mann in Verbindung bleiben. Ich würde ihm Freude bereiten, wo und wann immer ich könnte.«

»Sehen Sie, Herr Bete, das ist genau mit mir passiert. Einer hat mich vor dem sicheren Tod bewahrt, hat mir das Leben gerettet!«

»Ihnen ist das passiert? Wie war das denn? Das macht mich tatsächlich ganz neugierig. Mann, das ist ja wirklich spannend. Erzählen Sie!«

»Herr Bete, ich war rettungslos verloren. Im Sumpf, Morast und Schlamm, in meinem Sündendreck wäre es aus mit mir gewesen. Ich schrie! Da kam einer und gab mir keine guten Ratschläge, wie ich vielleicht wieder herauskommen könnte, nein, er stieg mitten in meinen Dreck hinein und zog mich heraus. Er heißt Jesus Christus. Und aus großer Dankbarkeit kann ich ihm gegenüber nichts anderes tun, als in Verbindung mit ihm zu bleiben, ihm Freude zu bereiten, wann immer ich es kann. Und dadurch haben Sie, Herr Bete, auch heute durch mich von Ihrem Retter gehört.«

»Mann, das ist ja ein Ding!« sagt er.

»Gustav! Bete!« antworte ich.

Unsere Wege trennen sich. Er lacht und winkt. Seine Stunde ist gekommen! Er hat es kapiert. Zum Abschied ruft er mir zu: »Der Gustav Bete betet!«

Wohltun – weh tun

Durch einen Anruf erfahre ich, daß Erich im Krankenhaus liegt, in der urologischen Abteilung. Zu Gertrud sage ich: »Du, ich muß heute noch in die Klinik, Bruder Erich liegt dort, er ist schon operiert worden.«

Kurz danach steige ich in dem großen Gebäude die Treppen hoch, dann sehe ich den langen Flur vor mir. Nachdenklich gehe ich ihn entlang, da tauchen vor meinem geistigen Auge Bilder auf. Meine Gedanken wandern 30 Jahre zurück. Ich sehe mich schwerverletzt im Unfallkrankenhaus Idstein. Daß ich noch lebe, ist ein Wunder. Zweimal wurde ich für tot erklärt: Da waren ein Schädelbasisbruch, Bruch des fünften und sechsten Brustwirbelknochens, mehrere Brüche an Armen und Beinen.

Damals war ganz schnell Bruder Erich, ein treuer Zeuge Jesu, ein Judenchrist, bei mir. Er hatte es sich nicht nehmen lassen, sofort zu kommen. Mit dabei war Bruder R. Die beiden Männer blieben nicht lang. Doch ihr Besuch hatte es in sich. Bevor sie sich verabschiedeten, legten sie mir die Hände auf und beteten mit mir. Zum Erstaunen aller Ärzte und Schwestern war ich so schnell wiederhergestellt, daß ich nach zehn Tagen nach Hause entlassen wurde.

Jetzt liegt Erich in einem Krankenhaus unserer Kreisstadt. Als ich eintrete, lese ich große Freude auf seinem Gesicht. Ich überreiche ihm meine Traubensaftflasche. Er bedankt sich, natürlich freut er sich darüber, und ich freue mich auch. Damals hat er mich besucht, heute besuche ich ihn. Das ist doch eigentlich eine Selbstverständlichkeit!

Als ich sehe, daß er sich freut, wird mein eigenes Ich gestreichelt, das tut wohl. Anderen eine Freude bereiten, ist die schönste eigene Freude. Man soll anderen eine Freude bereiten, sooft man es kann. Aber keiner darf sich einbilden, das sei die echte, wahre, göttliche Liebe.

»Du, Helmut, bist der erste, der mich hier besucht«, sagt Erich. Wieder wird mein Ich bei dieser Anerkennung gestreichelt; es ist wohltuend!

Kranke besuchen, Witwen helfen und unterstützen, Freude bereiten sollte für Gotteskinder eine Selbstverständlichkeit sein. Aber die echte, wahre, göttliche Liebe sieht anders aus. Das einzig zuverlässige und untrügliche Zeichen für die Echtheit der Nächstenliebe ist, daß sie dem Liebenden weh tut. Wohltun am anderen ist erst dann uneigennützig, wenn es dem eigenen Ich weh tut, weil es in seinem Streben nach eigenem Wohl beschränkt und begrenzt wird. Das eigene Ich muß sich also wissentlich einen Verzicht auferlegen. Die echte, wahre Liebe, die kein Wohltun, sondern ein Wehtun ist, erkennen wir am Kreuz von Golgatha. Jedes Gotteskind, das dieser Liebesspur folgt, die in ein Wehtun eingebettet ist, trägt im tiefsten Grunde die Liebe Gottes in sich. Solche Christusleute verstehen das Gebot Jesu: »Liebet eure Feinde!« erst richtig.

Ich erinnere mich an eine sehr gesegnete Schwester in Christus in meiner vogtländischen Heimat. Sie litt jahrelang unter der schlimmsten Behandlung ihres trunksüchtigen Mannes. Aber diese leidgeprüfte Frau war eine besondere Beterin, von der ich viel lernen konnte. Immer wenn der Teufel wütete, floh sie in einen Abstellraum, schloß hinter sich zu und ging auf ihre Knie. Sie besprach alles mit ihrem Heiland, dankte ihm für ihren Leidensweg und dankte ihm aber auch in kindlichem Glauben, daß er der Sieger ist und bleibt.

Obwohl ihr Herz blutete, ihr Ich tiefstes Weh erfuhr, brachte sie es in der Kraft Jesu fertig, ihrem Mann das Essen besonders gut zuzubereiten und ihm Freude zu machen, wo sie nur konnte.

Es war für Mutter S. eine Hochschule des Glaubens.

Und dann geschah das Wunder. »Wen der Sohn frei macht, der ist recht frei«, sagt die Heilige Schrift.

Ich lernte Vater S. in einer Evangelisation kennen, die ich in Plauen durchführen durfte. Es war schon ein Wunder, daß ich als westdeutscher Schulleiter in der damaligen DDR sprechen konnte. Als der liebe Bruder S., der frühere Wüterich, sein Zeugnis ablegte, wurden viele Tränen vergossen – Tränen der Freude, und die Engel im Himmel freuten sich mit uns.

Jesus hatte diesen schlimmen Menschen, den

der Teufel so lange in seinen Krallen hatte, an einem Tag radikal von seiner Trunksucht befreit.

Der Weg ging über die Schmerzen im Herzen von Mutter S. Beide sind bei Jesus in der Herrlichkeit. Und meine Gertrud, die beide sehr gut kannte, wird sich jetzt drüben mit ihnen freuen. Nun haben sie ewiges Wohl-Leben.